"十二五"辽宁省重点图书出版规划项目

U0674920

三友会计论丛
第15辑

SUNYO ACADEMIC SERIES IN ACCOUNTING

Income Tax Avoidance,
Agency Cost and
Corporate Governance

所得税规避、
代理成本与公司治理

刘行 ●著

东北财经大学出版社 | 大连
Dongbei University of Finance & Economics Press

图书在版编目(CIP)数据

所得税规避、代理成本与公司治理 / 刘行著. —大连：东北
财经大学出版社，2015.12

(三友会计论丛·第15辑)

ISBN 978 - 7 - 5654 - 2110 - 5

Ⅰ．所…　Ⅱ．刘…　Ⅲ．企业所得税-税收管理-研究-
中国　Ⅳ. F812.424

中国版本图书馆 CIP 数据核字(2015)第 224586 号

东北财经大学出版社出版

(大连市黑石礁尖山街217号　邮政编码　116025)

教学支持：(0411) 84710309

营 销 部：(0411) 84710711

总 编 室：(0411) 84710523

网　　址：http://www.dufep.cn

读者信箱：dufep@dufe.edu.cn

大连住友彩色印刷有限公司印刷　　东北财经大学出版社发行

幅面尺寸：170mm×240mm　字数：163千字　印张：11 1/2　插页：1

2015年12月第1版　　　　　　　　2015年12月第1次印刷

责任编辑：李　彬　杨紫旋　　　　　责任校对：毛　杰

封面设计：冀贵收　　　　　　　　　版式设计：钟福建

定价：36.00元

三友会计论丛编审委员会

随着我国以社会主义市场经济体制为取向的会计改革与发展不断深入，会计基础理论研究的薄弱和滞后已经产生了明显的"瓶颈"效应。这对于广大会计研究人员而言，既是严峻的挑战，又是难得的机遇。说它是"挑战"，主要是强调相关理论研究的紧迫性和艰巨性，因为许多实践问题亟须相应的理论指导，而这些实践和理论在我国又都是新生的，没有现成的经验和理论可资借鉴；说它是"机遇"，主要是强调在经济体制转轨的特定时期，往往最有可能出现"百花齐放，百家争鸣"的昌明景象，步入"名家辈出，名作纷呈"的理论研究繁荣期和活跃期。

迎接"挑战"，抓住"机遇"，是每一个中国会计改革与发展的参与者和支持者义不容辞的责任。为此，我们与中国会计学会财务成本分会、东北财经大学会计学院联合创办了一个非营利的学术研究机构——三友会计研究所，力求实现学术团体、教学单位、出版机构三方的优势互补，密切联系老、中、青三代会计工作者，发挥理论界、实务界、教育界三方面的积极性，致力于会计、财务、审计三个领域的科学研究和专业服务，以期为我国的会计改革与发展做出应有的贡献。

三友会计研究所的重大行动之一就是设立了"三友会计著作基金"，用于资助出版"三友会计论丛"。它旨在荟萃名人力作及新人佳作，传播会计、财务、审计研究与实践的最新成果与动态。"三友会计论丛"于1996年推出第一批著作；自1997年起，本论丛定期遴选并分辑推出。

采取这种多方联合、协同运作的方法，如此大规模地遴选、出版会计著作，在国内尚属首次，其艰难程度不言而喻。为此，我们殷切地希望广大会计界同仁给予热情支持和扶助，无论是作为作者、读者，还是作为评论者、建议者，您的付出都将激励我们把"三友会计论丛"的出版工作坚持下去，越做越好!

东北财经大学出版社

前言

　　税收作为企业经营活动最重要的成本之一，无疑是企业"处心积虑"想要降低甚至避免的。当企业试图降低其税负时，税收规避问题随之出现。一方面，自1994年分税制改革以来，中国的税收收入一直呈现高速增长趋势，其增长速度连续多年超过 GDP 的增长速度。另一方面，税收规避问题日益成为一种全球范围内的普遍现象。在上述大背景下，税收规避问题开始引发学者们的广泛关注。理论和实证考察企业税收规避程度的决定因素及其经济后果，也俨然成为国内外的一股学术热潮。

　　在综合考虑数据的可得性、研究的重要性和现实性等因素之后，本书选取了所得税规避问题作为研究视角。所得税规避的理论分析经历了从传统的所得税规避理论到所得税规避的代理理论的转变与发展。传统的所得税规避理论建立在"企业－政府"的理论分析框架之上，认为所得税规避活动会降低企业对政府的支付，从而所得税规避应该会提升企业价值。所得税规避的代理理论建立在"委托人－代理人－政府"的理论分析框架之上，认为所得税规避决策会受到企业代理冲突的影响。所得税规避活动的复杂性会蕴藏大量经理人或大股东的自利寻租行为，所以它并不一定会提升企业价值，甚至还会损害企业价值。

　　作为最近几年才发展起来的所得税规避的代理理论，相关的实证研究还非常缺乏，基于中国资本市场的研究更是凤毛麟角。在此基础之上，本书结合中国的具体实际情况，试图探讨两个问题：

其一，从代理成本的视角出发，考察所得税规避对企业价值的影响路径，包括研究所得税规避对第一类代理成本、第二类代理成本和投资效率的影响。

其二，考察公司治理机制对上市公司所得税规避程度的影响。

带着上述问题，我们展开了理论分析与实证检验。最后，本书得到了如下几点主要的研究结论：

1.所得税规避活动会增加企业的权益代理成本，即第一类代理成本。区分企业的产权性质之后发现，不论在哪一种类型的企业，所得税规避活动都会导致权益代理成本的增加。但是，在非国有企业，代理成本反过来也会对所得税规避产生影响，表现为代理成本越高，所得税规避程度越低。

2.所得税规避活动会加剧大股东的掏空，即第二类代理成本。此外，当上市公司的最终控制人为国有企业时，所得税规避与大股东掏空的正相关关系会显著弱化。大股东的持股比例越高，所得税规避与大股东掏空的正相关关系越弱。

3.所得税规避活动会降低企业的投资效率。在区分投资过度和投资不足之后发现，所得税规避对投资过度和投资不足均有影响，但是它对投资过度的影响更稳健。进一步，公司治理机制的完善在一定程度上可以缓解所得税规避所导致的投资过度，但是对投资不足没有显著作用。

4.公司治理对所得税规避程度的影响有赖于企业产权性质的不同。在非国有企业，好的公司治理可以显著抑制企业的所得税规避，这主要表现在股权结构、高管激励和对投资者的保护程度三个方面。具体而言，最终控制人的控制权与现金流权的分离程度越小、对高管的现金激励程度越高、企业所在地区的投资者保护程度越高，非国有企业的所得税规避程度越低。在国有企业，公司治理对所得税规避的影响微弱。通过构建公司治理水平的综合指数发现，公司的综合治理水平越高，非国有企业的所得税规避程度越低，但是这一结论在国有企业并不存在。

本书的启示在于：首先，企业所得税规避活动的复杂性，会给经理人或大股东创造寻求私利的机会，这使得企业的所得税规避活动往往会引发代理成本。因此，企业不要盲目地追求所得税税负的最小化，这很可能会提高其他潜在的成本，使得企业得不偿失。其次，良好的公司治理机制会抑制所得税规避所引发的代理成本，如降低投资效率。因此，企业在制订税收筹划方案时，如能辅之以相应的监督机制，这将可以在很大程度上降低经理人或大股东的自利寻租行为。此时的税收筹划方案，将在最大程度上提高企业的价值，降低隐性成本。最后，税务部门在进行税款征收或税务检查时，可以参考企业的治理状况，这可以加大其发现偷逃税公司的概率。

刘行

2015 年 8 月

目 录

第 1 章

导论

1.1 ———————————— 研究背景 ————————————

自 1994 年分税制改革以来，我国经历了一个税收收入高速增长的阶段。在分税制改革前的 1986—1992 年，我国税收收入的年均增长率为 7.2%，而 1995—2011 年的年均增长率则高达 17.7%①。这一现象说明，税收问题正日益成为影响企业和整个国民经济的重要因素。虽然众多经济学和财政学专业的科研人员对税收问题进行了深入分析，但是从会计学或财务学这一微观视角研究税收问题的学术文献还相对较少。本书的研究正是基于这一大背景而展开的。

税收作为企业经营活动最重要的成本之一，无疑是企业"处心积虑"想要降低甚至避免的。当企业试图降低其税负时，税收规避问题随之出现。近年来，在税收规避问题日益成为一种全球范围内普遍现象的大背景下，实证考察企业税收规避程度的决定因素及其经济后果，俨然成为国内外的一股学术热潮。

表 1-1 统计了 2008 年 6 月 1 日至 2013 年 5 月 31 日，*The Accounting Review* 收到和最终接受的主题为税收的文章情况。可以看到，以税收为主

———————————————

① 作者通过手工整理《中国税务年鉴》的数据并自行计算得知。

题的文章投递数量逐年增加，占比也是一直上升，从 5.4% 上涨到 7.4%，这说明研究税收问题的学者在不断增加。最终接受的文章占比，在 2010 年 6 月 1 日至 2011 年 5 月 31 日这一区间最低，但是在下一个时间段，这一比例增加至 10.2%。因此，税收问题，尤其是税收规避问题[①]已成为当前会计学非常前沿的学术话题（Hanlon and Heitzman，2010）。

表 1-1　*The Accounting Review* 关于税收问题文章的投稿和发表情况

时间区间	收到的文章数目	占比	最终接受的文章数目	占比
2008-06-01 至 2009-05-31	35	5.4%	5	6.2%
2009-06-01 至 2010-05-31	34	5.5%	7	11.1%
2010-06-01 至 2011-05-31	46	7.1%	4	5.1%
2011-06-01 至 2012-05-31	50	7.4%	5	10.2%
2012-06-01 至 2013-05-31	52	7.4%	6	9.8%

注：表中的数据由作者根据 2009 至 2012 年的 *Annual Report and Editorial Commentary for The Accounting Review*（Kachelmeier，2009，2010，2011；Evans，2012，2013）自行整理得知。

实证研究的涌现离不开理论研究的推进，对于税收规避问题的理论分析在近几年也获得了长足的发展。在 Allingham and Sandmo（1972）的"企业–政府"这一税收规避的分析框架内，以往的研究认为，在税率一定的情况下，企业最优的税收规避决策依赖于被税务部门抓到和罚款的概率、罚款的多少，以及企业的风险规避态度。而且，一般认为，因为税收规避活动会降低企业对政府的支付，所以税收规避会提升企业价值。

然而，最近的一些理论分析却认为，传统的税收规避理论将企业视为一个整体是不恰当的。因为企业内部存在代理冲突，如股东和经理人的代理冲突，以及大股东和小股东的代理冲突，而这些代理冲突会影响企业的税收规避决策及其经济后果。因此，税收规避的分析框架扩展为"委托人–代理人–政府"（Chen and Chu，2005；Crocker and Slemrod，

---

①　作者通过对这些以税收为主题的文章进行阅览，发现关于税收规避的文章占了绝大部分。

2005；Desai et al.，2007），这一理论被称为税收规避的代理理论。在这一理论指导之下的实证研究发现，企业税收规避活动的复杂性会蕴藏大量经理人或大股东的寻租活动或掏空行为，所以它不一定会提升企业价值，甚至还会损害企业价值（Desai and Dharmapala，2006，2009；Desai et al.，2007；Hanlon and Slemrod，2009；Mironov，2013；陈旭东等，2011）。

可以看出，税收规避的代理理论是对传统税收规避理论的巨大推进。然而，基于这一理论的实证研究还很缺乏，特别是对于税收规避究竟会引发哪些隐性成本以及它影响企业价值的具体路径，我们都知之甚少，而关于中国的相关研究更是凤毛麟角。因此，结合中国的制度背景，考察税收规避的代理理论在中国的适用性，以及如何修正税收规避的代理理论使之更好地解释中国上市公司的现象，都将具有非常重要的理论意义和现实意义。

1.2 ──────── 研究目标与研究意义 ────────

1.2.1 选择研究企业所得税规避问题的原因

基于以下几点考虑，本书将主要研究企业所得税规避问题：

（1）数据的可得性。我国现今的会计信息披露制度使得我们难以获取企业除所得税以外的其他税收信息。我们唯一可以获取的企业流转税资料就是现金流量表中的"支付的各项税费"。然而，这一项目是企业所有税负的总和，我们无法对其进行分解，也难以找到合适的税基进行标准化处理，从而无法研究流转税避税的相关问题。

（2）研究的重要性。图1-1列示了从1994年"分税制"改革以来，我国各主要税种占税收总收入比重的年度变化情况。可以看出，企业所得税占税收总收入的比重呈明显的逐年增加的趋势。在2005年，企业所得税首次超过营业税，成为第二大税种。在2011年，企业所得税占税收总收入的比重达到了20%，几乎是1994年的两倍。因此，不管对企业还是对政府来说，研究企业所得税规避问题都具有一定的重要性。

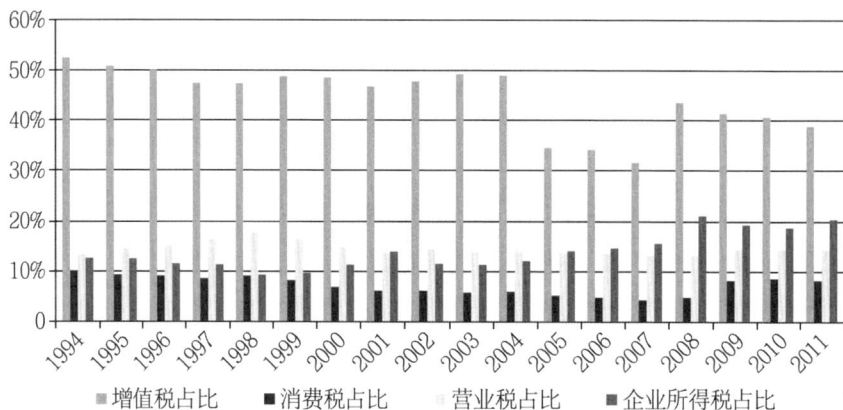

图1-1　主要税种占税收总收入比重的年度变化

注：根据《中国税务年鉴》自行计算并整理；各税种在柱状图中的排列顺序与图下方所列税种的排列顺序一致，从左至右分别为增值税、消费税、营业税、企业所得税。

（3）研究的现实性。我国在打击流转税（特别是增值税）的税收规避问题上付出了很大的努力，最具有代表性的就是连续三期的增值税"金税工程"的建设（吕冰洋和郭庆旺，2011），以及司法部门对流转税税收规避的严重处罚，这加剧了企业进行流转税税收规避的难度。此外，流转税的税基相对容易确定，不同于所得税的税基存在较大的主观判断空间，所以流转税避税相对较为困难。因此，相比之下，企业所得税规避的情况更为普遍，从而作为研究的切入点更具现实意义。

1.2.2　研究目标

在确定好本书主要的研究对象之后，针对已有研究的不足，本书试图通过理论和实证分析回答以下几个问题：

（1）所得税规避是否会恶化企业的代理冲突，从而增加企业的代理成本？换句话说，代理成本是否是所得税规避影响企业价值的重要路径？

（2）代理成本分为第一类代理成本和第二类代理成本。所得税规避是否对这两类代理成本都有影响？

（3）投资效率是企业代理成本的重要体现，那么所得税规避是否会影响企业的投资效率？

（4）如果所得税规避增加了企业的代理成本，那么公司治理机制的完善是否会抑制企业的所得税规避活动？

（5）中国的制度特征是否会影响所得税规避的代理理论在中国的适用性？换句话说，中国的制度特征对上述研究结论是否有影响？

对上述问题的回答是一个理论和逻辑上循序渐进而又连贯统一的过程。它可以让我们清楚地了解所得税规避如何影响企业的代理成本（第一类代理成本、第二类代理成本和投资效率），以及公司治理又如何反过来影响企业的所得税规避。这对于理解所得税规避的代理理论的内涵及其在中国的适用性都具有非常重要的意义。

1.2.3　研究意义

本书的理论意义和现实意义如下：

1.理论意义

本书的理论意义主要体现在以下几个方面：

（1）有助于深化对上市公司所得税规避的认识

以往的研究只是简单地认为企业的所得税规避活动会提升企业价值。探讨企业所得税规避动机的文献，也大多从企业与政府的关系这一角度入手（如政治成本、政治关联、政府干预等）。这些文献都忽视了现代企业的重要特征：所有权与经营权的两权分离，以及大股东和小股东之间的利益冲突。殊不知，这些特征会在很大程度上影响企业的所得税规避动机及其经济后果。通过考察所得税规避对代理成本的影响，以及公司治理对所得税规避的影响，有助于深化我们对现代企业所得税规避的认识，从而为抑制上市公司的所得税规避行为提供决策参考。

（2）有助于推进所得税规避的代理理论的发展

这一理论的发展时间很短，因此相关的实证研究非常缺乏，特别是从这一理论出发，研究所得税规避的经济后果的文章更是寥寥无几。大多数的文章都是直接探讨所得税规避对企业价值的影响，鲜有文章考察所得税规避影响企业价值的具体路径。因此，本书研究所得税规避对代理成本的影响，可以在一定程度上推动这一理论的发展，也可以为学术界增添来自中国的经验证据。

2. 现实意义

本书的现实意义体现在以下几个方面：

（1）有助于完善企业的税收筹划方案

虽然所得税规避可以降低企业对政府的支付，但是如果不完善内部控制，抑制经理人或大股东在所得税规避过程中的机会主义行为，那么所得税规避反而会损害公司价值。因此，企业在制订和执行税收筹划方案时，要加强对公司控制者的监督，降低所得税规避的隐性成本，使之真正为提升企业价值服务。

（2）对税务部门的税收征管工作有启示，有助于避免国家财政收入的流失

本书研究发现，在公司治理较差的企业，所得税规避现象更严重，且所得税规避引发的代理成本也更大。因此，对于那些治理状况比较差的企业，税务部门应加强征管，这不仅可以降低企业的所得税规避程度、避免国家税款流失，还可以抑制经理人和大股东的机会主义行为、提升企业价值。

1.3 主要概念的厘清

在这里，我们将对本书涉及的几个主要概念予以清晰界定。

1.3.1 所得税规避

为了便于本书后面内容的展开和最大限度地减少语义上的混淆，本书先对所得税规避做一个概念性的定义。

遵从 Dyreng et al.（2008）和 Hanlon and Heitzman （2010）对所得税规避的定义，本书将所得税规避广义地定义为导致企业所得税负直接减少的行为，它反映了对直接降低企业所得税负产生影响的所有交易活动。这一定义意味着：

（1）本书并不对那些企业意欲降低所得税负的税收筹划活动（如关联企业间的转移定价行为）和企业通过游说政府获得的税收优惠（如政府的税收返还）等降低企业所得税负的活动进行严格区分。但是，这里有考虑企业的名义所得税率。具体而言，在后面内容具体度量企业的所得税规避程度时，本书认为，名义所得税率在很大程度上受到国家政策的影响，而并不能被企业随意支配。当然，企业通过游说政府获取低的名义所得税率的情况肯定存在，但是这并不是普遍现象。因此，企业的所得税规避活动，更多的是基于既定的名义所得税率基础之上的筹划活动。

（2）我们并不严格区分企业哪些所得税规避活动是合法的，哪些是非法的。这是因为：

首先，我们在技术上无法实现对合法和非法所得税规避活动的严格区分。原因有以下几点：①很多存在问题的行为，其在技术上并不是非法的，但可能是不道德的，同样可能招致税务部门的惩罚。按照盖地（2006）的说法，他认为："从法律的角度讲，税收规避行为分为顺法意识的税收规避和逆法意识的税收规避两种类型。顺法意识的税收规避活动及其产生的结果，与税法的法意识相一致，它不影响或削弱税法的法律地位，也不影响或削弱税收的职能作用；逆法意识的税收规避是与税法的法意识相悖的，它是利用税法的不足进行反制约、反控制的行为，但并不影响或削弱税法的法律地位。"然而，这些逆法意识的税收规避行为常常会受到道德层面的指责，甚至是法律层面的处罚。②对税收规避行为合法性或非法性的认定往往是事后的。也就是说，只有在税务部门发现了企业非法的税收规避行为时，我们才认定其非法性。如果税收部门未发现这些非法的税收规避行为，我们则无法认定其是否合法。③税收执法部门的自主裁量权也为我们区分税收规避活动是否合法带来了困难。在地区税收资源竞争激烈的中国，各地区税收征管方式的不同使得税收征管部门在税收政策的执行上拥有广泛的自由裁量权，从而很多处在法律边界上的税收规避活动就好比"墙头草"一般，其最终的性质完全由税收部门决断。这无疑会模糊所得税规避活动的性质。因此，综合来看，我们在技术上很难对所得税规避做一个法理上的明显区分。刻意地区分反而可能会引发其他问题，如区分的标准是否恰当，标准的选取是否会导致样本出现严重的自选择偏差。

其次，我们在理论上也无须严格区分所得税规避活动是合法抑或非法，原因如下：①现有的理论分析认为[1]，无论企业合法还是非法，所得税规避活动都会引发代理成本。这一观点也是现有的实证研究所广泛认同的（Hanlon and Heitzman，2010）。②企业非法的所得税规避活动的直接后果在于企业会面临相关的罚款和一定程度上的声誉损失。但是，这并不意味着非法的所得税规避活动一定会引发代理成本。因此，即便企业的所得税规避活动是非法的，研究它对代理成本的影响也很有意义[2]。

值得一提的是，虽然我们并不能在技术上严格区分合法和非法的所得税规避活动，且理论分析对此也并无要求。但是，我们仍然可以通过一些辅助手段来考察非法的所得税规避活动对本书的研究究竟有多大影响。具体而言，作者采用巨潮咨询网的历史公告查询功能，搜索了2000—2011年度上市公司所有与税收规避相关的公告[3]。在搜索过程中，作者将"税"作为关键词，阅读搜索到的所有公告，最终保留与税收规避相关的公告。详情列示在表1-2中。

表1-2显示，2000—2011年度期间，上市公司与税收规避相关的公告总共只有17条。虽然这些公告并不能反映上市公司所有的税收规避行为，但是按照上市公司的信息披露原则，这些肯定是对上市公司产生了重大影响的税收规避行为。由此可见，非法的税收规避行为在上市公司这一群体并不常见。这也间接说明，本书的研究结论主要受上市公司合法的税收规避行为，以及那些未被税务部门发现的非法的税收规避行为的影响。

---

① 在后文的理论分析部分会有详细阐述。
② 事实上，这一问题就好比研究企业盈余管理活动的经济后果。企业的盈余管理活动有轻有重，严重的盈余管理活动会导致企业触犯《公司法》、《证券法》等相关法律和部门规章。然而，我们在实证上通常无法区分哪些盈余管理活动是合法的，哪些又是非法的。即便如此，研究这些活动的其他经济后果也很有意义。因为非法的盈余管理活动会引发监管部门的处罚这一经济后果是非常直接的、无须检验的，但是，盈余管理可能产生的其他经济后果则是间接的、无法直接观察到的。这正是研究的意义所在。例如，McNichols and Stubben（2008）和任春艳（2012）都发现，企业的盈余管理活动会降低投资效率。因此，同样的道理，即便企业的所得税规避活动是非法的，研究它的其他经济后果（除政府罚款之外的经济后果）也很有意义。
③ 巨潮咨询网只提供2000年以来上市公司公告的查询。

表1-2　中国上市公司2000—2011年度期间与税收规避相关的公告

年度	所涉及公司的证券简称与相关公告名称
2000	无
2001	无
2002	1.沈阳化工:关于欠税问题的澄清公告;2.福建水泥:补缴税款事项公告;3.深大通A:税务处罚公告;4.东方通信:海关补交税款等相关事项的公告
2003	无
2004	无
2005	古井贡:关于子公司收到税务部门税务处理决定书的公告
2006	无
2007	无
2008	岳阳兴长:关于2007年度因有关涉税事项会计差错更正引起的追溯调整事项的说明
2009	1.华测检测:关于公司主要股东使用个人自有资金补缴税款的公告;2.广济药业:关于补缴税款的公告;3.东方通信:关于会计师事务所对公司参股子公司纳税调整的专项说明;4.金城股份:欠缴税款滞纳金公告;5.ST博信:关于收到税务事项通知书的公告
2010	1.粤电力A:关于2008年度对B股非居民企业股东权益分派应补缴企业所得税的公告;2.招商局B:非居民企业B股补缴企业所得税的公告;3.招商地产:关于2008年度对非居民企业B股股东权益分派应补缴企业所得税的公告
2011	1.星期六:关于补缴税款的公告;2.贝因美:关于收到补缴税款通知的公告;3.四川圣达:控股子公司纳税评估补缴税款及加收利息的公告

最后，就与税收相关的中文词汇而言，"偷税"、"税收激进"、"逃税"、"税收筹划"等名词也常见于很多学术研究。相关的英文词汇则包括"tax avoidance"、"tax evasion"、"tax aggressiveness"、"tax planning"、"tax shelter"以及"tax noncompliance"等。一般来说，"偷税"和"逃税"更倾向于那些直接违背税法条款的行为，具有突出的违法性（戴德明和周华，2002）。"税收筹划"则较为中性，与本书选用的"税收规避"较为相近。对于英文词汇，"tax evasion"和"tax shelter"与中文的"偷税"和"逃税"较为接近，"tax planning"对应"税收筹划"，而"tax avoidance"

则与本书选用的"税收规避"相对应。纵观最近几年关于税收规避的文献，使用"tax avoidance"作为关键词的文章最多，这也是本书选择这一词汇作为本书关键词的重要原因之一，即便于与国际上的相关研究成果契合与比较。

综合来看，本书对所得税规避的定义在理论上并不区分合法和非法的所得税规避活动。但是就现实状况而言，本书的实证结论主要受上市公司合法的税收规避行为，以及那些未被税务部门发现的非法的税收规避行为的影响。

1.3.2　代理成本

代理成本分为第一类代理成本和第二类代理成本。第一类代理成本反映了股东与经理人之间的代理冲突，而第二类代理成本主要反映了大股东与小股东之间的代理冲突。

我们遵循Jensen and Meckling（1976）的界定，第一类代理成本是指当股东作为企业的委托人委托经理人经营企业时所产生的一系列成本。这些成本包括：（1）委托人的监督成本，即委托人激励和监控代理人，以期使后者为前者的利益尽力的成本；（2）代理人的担保成本，即代理人用以保证不采取损害委托人行为的成本，以及如果采取了那种行为，将给予赔偿的成本；（3）剩余损失，它是委托人因代理人代行决策而产生的一种价值损失，等于代理人决策和委托人在假定具有与代理人相同信息和才能情况下自行效用最大化决策之间的差异。可见（1）和（2）是制定、实施和治理契约的实际成本，（3）是在契约最优但又不完全被遵守或执行时的机会成本。有些文献也将第一类代理成本称为权益代理成本（曾庆生和陈信元，2006）。

第二类代理成本受到学术界的关注，与"法与金融"学派的相关研究有直接关系。La Porta et al.（1999）分析了27个富裕国家上市公司的股权结构，发现除了英、美等投资者保护非常好的国家之外，大部分国家的大部分上市公司都存在着一个控股股东，它对企业的经营管理有着巨大的决定作用。Claessens et al.（2000）和Faccio and Lang（2002）分别在东亚和欧洲有同样的发现，中国当然也不例外（张华等，2004）。

这些研究表明，股东和经理人的冲突可能并非企业最重要的代理问题。在一个存在控股股东的公司，控股股东虽然有利于监督经理人，但是控股股东（即大股东）与小股东之间的利益冲突更引人关注。大股东与小股东的利益冲突越严重，大股东越有可能掏空企业，破坏企业价值（Claessens et al.，2002）。

然而，并未发现对第二类代理成本直接进行定义的文献。如果非要对此下一个定义的话，本书认为，第二类代理成本就是因为大股东和小股东之间的利益冲突所造成的企业的效率损失。一个直接的体现就是大股东对企业的掏空——Tunneling（Johnson et al.，2000）。众多的文献证明了大股东掏空企业现象的存在，但大都是间接的。Jiang et al.（2010）采用中国上市公司的大股东资金占用数据，首次对大股东的掏空进行了直接度量。这使得本书可以很好地借鉴这一研究成果。

1.3.3　公司治理

国内外学者对公司治理的内涵都有系统的阐述，比较著名也被广为引用的是 Shleifer and Vishny（1997）对公司治理的定义。他们从代理问题的角度出发，认为公司治理就是研究投资者如何从管理者那里取回自己的投资和收益的一整套机制。从他们的定义可以看出，他们对于公司治理的定义主要关注的问题是股东如何确保管理者为自己的利益服务。然而，只关注股东和经理人的利益冲突显然是不够的。

近年来，另外一种利益冲突——大股东和中小股东的利益冲突引起了学者和监管者的关注。掌握着企业控制权的大股东往往为了自身的利益而去损害小股东的利益，大股东的"隧道效应"随处可见（Johnson et al.，2000）。特别是在大股东控制企业比较普遍的新兴资本主义国家，这种"隧道效应"更为常见，它已经成为企业最主要的委托代理问题。

白重恩等（2005）认为，如果将这种代理问题考虑到公司治理机制内，那么公司治理就会有新的且更加广泛的定义。Denis and McConnell（2003）对公司治理的定义将两种代理问题进行了融合。他们认为，公司治理是公司内部治理机制和外部治理机制的总和，这些机制促使那些追逐个人利益的公司控制者（经理人或控股股东）所作出的决策能以公司所有者（出资者）的利益最大化为原则。在 Denis and McConnell （2003）对公司治理定义的基础上，白重恩等（2005）对中国上市公司的公司治理状况进行了量化。在后面的实证检验中，本书借鉴、修正和拓展了白重恩等（2005）对公司治理的度量方法。

1.4 ──────────── 内容框架与研究方法 ────

1.4.1 本书框架

遵循本书的研究目标，本书的框架安排如图1-2所示：

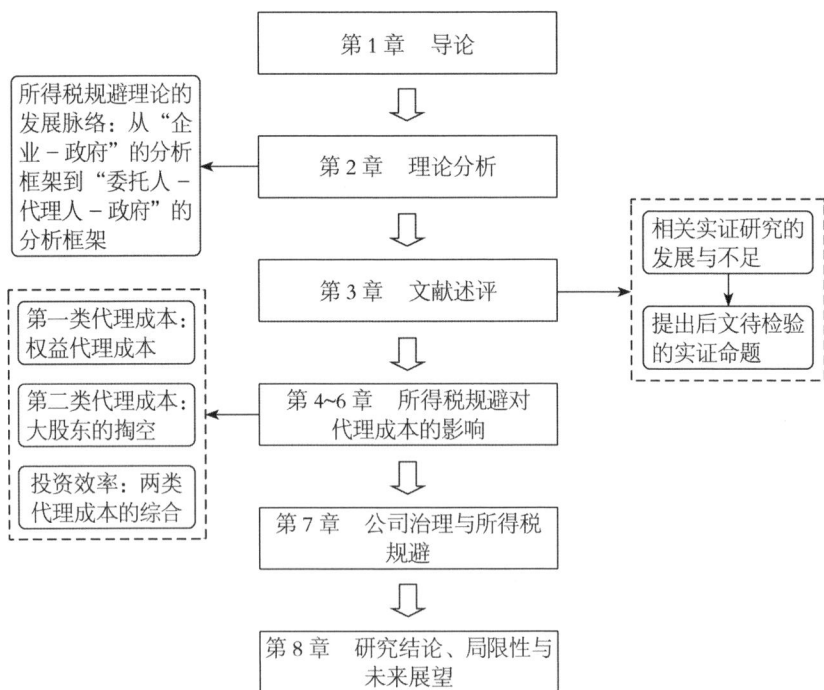

图1-2 本书的框架安排

第1章是导论部分，主要介绍本书的研究背景、研究目标、研究意义，并对主要概念进行厘清和界定，最后是本书的框架与研究方法。

第2章是理论分析部分。本书将在这一章对所得税规避理论的发展脉络进行详细阐述：从"企业－政府"的理论分析框架到"委托人－代理

人 – 政府"的理论分析框架。之后，本书会结合中国的制度背景，提出在中国情境下使用这些理论需要修正和注意的地方。

第 3 章是文献述评部分。在这一章，本书会按照所得税规避理论的发展路径，介绍相关的实证研究，并总结现有研究的不足。在此基础上，考虑到本书的完整性和逻辑性，提出后面待检验的实证命题，并阐述这些实证命题之间的逻辑关系。

第 4 章至第 6 章是实证考察所得税规避对代理成本的影响部分。其中，第 4 章的内容为实证考察所得税规避对第一类代理成本的影响；第 5 章为考察所得税规避对第二类代理成本的影响；第 6 章则是从投资效率这一能够综合体现第一类和第二类代理成本的视角，检验所得税规避的经济后果。

第 7 章则是承接第 4~6 章的研究，实证考察公司治理对所得税规避的影响。由于第 4~6 章的研究表明，所得税规避会引发代理成本，那么良好的公司治理机制是否会抑制企业的所得税规避呢？第 7 章的研究正是试图对这一问题展开回答。

第 8 章是全书的结论、研究的局限性以及对未来的研究展望。

1.4.2　研究方法

为了达到本书的研究目标，我们采用了如下几种研究方法：

1.文献分析法

这一方法是找出研究问题和实现研究目标的常用方法，也是一种非常有效的方法。它主要通过对国内外相关文献的梳理和归类，在总结现有研究成果不足之处的基础上，提出尚未解决的问题。

2.实证研究法

这一方法是实现本书研究目标和解决研究问题的最重要方法。它首先对所要研究的问题进行理论分析，提出预期可能的结果（即研究假说）。随后利用统计方法（如多元回归方法）对历史数据进行统计分析，得出实际的结果。当实际的结果与预期的结果一致时，则说明历史数据没有否定研究假说，当实际的结果与预期的结果不一致时，则说明历史数据未能支持研究假说。

1.5 ——————— 研究的适用范围

　　需要在导论中重点强调的一点是，后面的研究均以中国的上市公司为研究对象，基于所得税规避的代理理论，考察所得税规避的影响因素及其经济后果。这使得后面的研究结论仅仅适用于那些存在代理冲突的大规模现代企业（上市公司即是典型代表）。对于那些小微企业，其所有者和管理者经常是同一人，所以这类企业根本不存在或者很少存在代理冲突。这也使得这类企业的所得税规避活动并不会引发代理成本。我也相信，对于这种类型的企业，平均来看，它们的所得税规避行为对企业价值和企业发展无疑是非常有利的[①]。它可以帮助企业有效缓解和克服融资约束，取得行业竞争优势。因此，本书的结论可能并不适用这类企业。然而，对于上市公司，情况却会发生改变，这也正是我们要研究的。

　　[①]　关于小微企业税负状况的相关新闻报道有很多。例如：《小企业的逃税式生存：逃税和倒闭的选择题》、《忐忑的灰工厂：高税负下的小微企业生存调查》，详见：http://club.kdnet.net/dispbbs.asp?id=8386984&boardid=1。

第 2 章

理论分析

Allingham and Sandmo（1972）开创了从理论上考察税收规避问题的先河，虽然他们只是考察了个人所得税的税收规避问题，但是毫无疑问，他们的理论分析影响了后续 30 多年的各类税收规避问题的研究。后续的研究从不同维度拓展了他们的模型。企业税收规避问题的理论分析也大量借鉴了他们的研究成果。因此，要考察企业所得税规避理论的历史演进，需要适度引入个人所得税规避理论的发展情况。

具体来说，本书将现有的理论分析分为两个部分：传统的企业所得税规避理论和所得税规避的代理理论。传统的企业所得税规避理论是个人所得税规避理论的直接引申和发展，它借鉴了个人所得税规避理论研究中的"企业–政府"这一分析框架，将企业视为一个整体，着重考察在税收部门对企业税收规避问题的检查概率、惩罚力度及企业的风险规避态度这三种因素的综合影响之下，企业如何选择最优的税收规避程度。然而，所得税规避的代理理论却认为，在研究企业税收规避问题时，不能简单地将企业如个人般视为一个整体。这一理论将传统的税收规避理论与代理理论进行结合，考察了企业内部的代理冲突对税收规避的影响，从而形成了"委托人–代理人–政府"的分析框架。

下面，我将在下文对这两类理论的发展，以及相对应的分析框架进行详细阐述。

2.1　传统的企业所得税规避理论:"企业-政府"的分析框架

　　传统的企业所得税规避理论由个人所得税规避理论引申和发展而来。关于个人所得税规避问题的经典理论分析源自 Allingham and Sandmo (1972)。他们建立了一个威慑模型(deterrence model),将个人纳税者模型化为完全不道德的人,他们在预期收益最大化的情境下,决定是否或者多大程度上避税。成功的税收规避对纳税人有利,因为纳税人节约了税负,但是当个人的税收规避行为被税务部门查处时,会被处以罚款。因此,在税率一定的情况下,最优的税收规避决策依赖于被税务部门抓到和惩罚的概率、罚款的多少,以及个人的风险规避态度。

　　从 Allingham and Sandmo 的理论分析可以看出,他们的理论模型包含了个人和政府这两个主体(如图2-1所示)。事实上,这也是情理之中的,因为个人是一个无论在形式上还是实质上都无法分割的整体。她/他的税收规避策略完全是个人与政府之间的博弈过程。

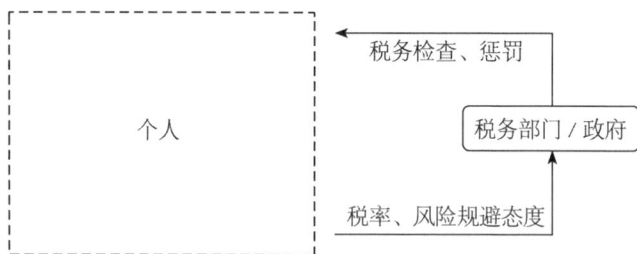

图2-1　Allingham and Sandmo (1972) 的个人所得税规避模型

　　随后的30多年里,大量的研究从多个维度拓展了 Allingham and Sandmo 的模型,包括将被税务部门检查的概率外生化、综合考虑劳动供给的决定、将审计风险以外的不确定来源纳入考虑之中,以及一般均衡的考虑。然而,尽管 Allingham and Sandmo 提出的威慑模型主导了税收规避问题的研究,但是一些人认为这一模型遗漏了很多重要的因素。

　　此时,行为模型(behavioral model)出现了。不同于威慑模型,行为模型认为,个人并不只是在政府的威慑(如税收部门的惩罚)下才会去遵从税法。事实上,许多个人认为他们应该去遵从税法。也就是说,威慑模型和行为模型存在"不能这样做"（not doing so）和"应该做"（ought to）的区别。例如，Frey（1997）认为，Allingham and Sandmo 的模型应该进一步区分税收规避的内在动机（例如，公民道德可能会使得纳税人遵从税法）和外在动机（例如，税务部门惩罚的威胁）。他认为，外在动机的加强（如增加惩罚性措施的力度）可能会对内在动机存在"挤出效应"，因为它会使人们觉得，他们交税是因为他们必须这么做，而非他们想这么做。一些实验研究还发现，纳税人不仅对税收规避的可能性和税务部门的惩罚有反应，同样会对税收系统的内容有反应（Alm et al.，1992）。当纳税人认为税制系统非常公平时，这种税收系统的公平性会强化社会规范，使得那些从事税收规避活动的纳税人觉得内疚，而一旦税收规避行为被税务部门发现时，纳税人的声誉会受到损害。此外，互惠主义也可能会影响纳税人的税收规避决策。Levi（1998）认为，当市民认为政府会为他们的利益着想时，会更愿意与政府合作，从而不会进行税收规避。

可见，个人的税收规避模型经过了从威慑模型到行为模型的发展。然而，就分析框架而言，这两类模型始终探讨的是个人与政府的"讨价还价"。这一分析框架直接影响了企业税收规避问题的理论分析，使得早期关于企业税收规避问题的研究，都将企业视为一个整体，从而这类研究被限定在了"企业-政府"的分析框架内，如图2-2所示。

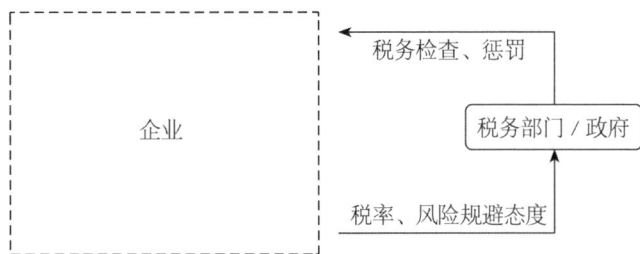

图2-2　"企业-政府"的企业税收规避分析框架

不过，关于企业所得税规避的理论文献却相对比较稀少，其中的一个原因可能是研究者难以获得关于企业所得税规避的微观数据，另一个更为重要的原因则可能是个人所得税规避和企业所得税规避存在巨大差异，所以研究难度较大。具体而言，在 Allingham and Sandmo 的模型基础上，Marrelli（1984）首次理论考察了企业的税收规避问题。但是，Marrelli 主要关注间接税问题，而没有研究企业所得税规避的问题。他试图探讨垄断企业是否以及在多大程度上降低从价税。研究发现：在税务部门的检查概率一定的情况下，企业的税收转移决策和税收规避决策是相互独立的；在税务部门的检查概率可变的情况下，上述两种决策并不是独立的。Kreutzer and Lee（1986）首次对企业所得税规避问题进行了探讨。在文章中，他们驳斥了一个众所周知的观点：所得税对垄断企业的最大产出水平没有任何影响。他们认为，因为成本和收入并不能精确计量，垄断企业所得税的中性特征会被损害，尤其是当垄断企业报告的成本超过实际的成本时，所得税会增加垄断企业的产出。这意味着所得税可以被用来降低垄断扭曲效应（monopoly distortion），从而具有政策含义。通过一个简单的理论模型，他们的上述观点得到了印证。

沿着 Allingham and Sandmo 的思路，Wang and Conant（1988）进一步建立了一个关于垄断企业的不确定模型。他们的模型推翻了 Kreutzer and Lee（1986）的结论，并强化了"所得税与垄断企业的最大产出水平无关"这一普遍认同的观点。具体来说，他们发现，当公司在预期的效应函数中考虑税务部门的检查和惩罚时，垄断者的最优产出率并不受所得税和惩罚率的影响，公司对产出水平和所得税规避的决策是分离的，而并非相互影响。

Chu（1990）则试图提出一种所得税规避的抵制政策 FATOTA，并理论证明它具有福利改进的特征。所谓 FATOTA，是指公司具有两种选择：选择 1，向税务部门支付定量的所得税，从而免除税务审计；选择 2，向税务部门支付公司认为应该缴纳的所得税，从而会因为税收规避问题遭遇税务审计。Chu 发现，FATOTA 系统成为一种有效的筛选机制，通过它，盈利能力强的企业会选择 1。在引入 FATOTA 之后，政府的税务审计系统获得了帕累托改进。最后，作者认为，在那些税收规避现象比较严重且税务审计成本较高的发展中国家，在某些行业引入 FATOTA 系统不失为一种明智的选择。

从上面的文献可以看到，虽然税收规避理论有了长足的发展，从个人所得税规避模型，到企业间接税规避模型，再到企业所得税规避模型，但是这些模型还是一直沿用了 Allingham and Sandmo 的分析框架。这一理论分析框架对实证研究的指导意义在于：学者应该从政府税收政策的变化（如税率的变化、税收征管强度的变化）、企业和政府的关系（如政府干预、政治关联、政治成本）及企业的整体特征（如企业的资产构成、企业的盈利能力、所处行业的竞争态势等）等角度探究企业所得税规避的影响因素。事实上，从后面的文献综述中可以看出，大部分学者也遵循了这一研究思路。

　　然而，虽然个人所得税规避模型采用"个人–政府"的分析框架无可厚非，但是企业税收规避模型一直采用"企业–政府"的分析框架却与现实状况颇为不符。因为企业的税收规避行为非常复杂，它包含了多个主体的战略行为，以致企业行为主体之间（如股东和经理人、大股东和小股东）关系的任何改变，都可能会影响企业的税收决策。因此，企业税收规避模型有必要将企业进行拆分，充分考虑企业内部的代理冲突会对企业的税收规避行为产生何种影响，以及在存在代理冲突的情况下，企业税收规避的经济后果会发生何种改变。这正是我们需要在下一部分探讨的内容。

2.2　所得税规避的代理理论："委托人–代理人–政府"的分析框架

　　个人所得税规避的标准分析框架将个人的所得税规避决策视做投资组合的选择问题。个人须在风险（政府部门对税收规避行为进行检查并罚款的风险）和回报（税收规避所得）的共同作用下作出最优选择。那么，一个自然而然的问题就是：企业的税收规避行为可以用传统的个人税收规避模型来解释吗？答案应是否定的。因为企业的税收规避行为非常复杂，它包含了多个主体的战略行为，以致企业行为主体之间（如股东和经理人、大股东和小股东）的关系，很可能会影响企业的税收决策。这也是引入"委托人–代理人–政府"这一分析框架的原因所在（如图2–3所示）。在这一分析框架下对企业所得税规避问题进行理论分析的文献还非常稀少，下面我将一一介绍。

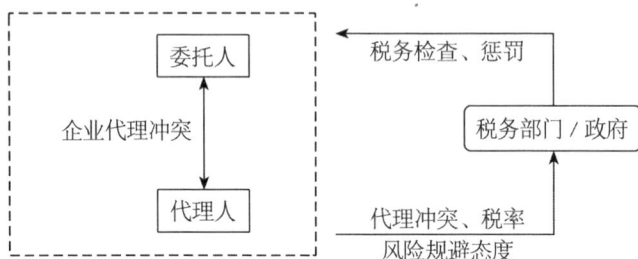

图2-3　"委托人-代理人-政府"的企业所得税规避分析框架

Chen and Chu（2005）将企业的所得税规避问题引入标准的委托代理模型，发现企业的所得税规避行为会扭曲企业的激励契约，造成内部激励失效。他们认为，这是因为所得税规避活动的非法性使得建立在这种非法活动上的契约并不会被法院所受理，从而不能强制执行。具体而言，假设委托人雇用代理人从事非法活动，建立在代理人非法活动基础上的努力，会产生多种可能的产出。这也就意味着，为了促使代理人更加努力，代理人的报酬必须依产出情况而定。因为代理人参与了非法活动，他会承担被发现和被处罚的风险，为了诱使他参与，与代理人签订的契约不仅需要对他的努力进行补偿，还需要对他承担的风险进行补偿。有效契约要求委托人与代理人分享风险，并当非法行为被发现时，支付给代理人高工资。也就是说，代理人的工资需要依赖于非法行为是否被发现。然而，这在实践上是不可能的。因为当非法行为被发现时，委托人经常会背信弃义，不按照合同要求支付给代理人高工资。而且，即使代理人诉诸法律，因为契约是基于非法行为的，法院也不会受理合同条款。认识到这一点，代理人会坚持在事前通过契约对他的风险进行补偿。但是一旦这样做，契约就会变得不完整，因为不管非法行为是否会被发现，代理人的报酬都是一样的。这使得契约最终会扮演双重角色：奖励代理人的努力和补偿他所承担的避税风险。而且，在委托人信息劣势的情况下，代理人是否真的如实开展了税收规避活动，委托人不得而知。因此，所得税规避活动使得对代理人的激励机制存在失真，即激励契约会被扭曲。

这一理论与传统理论的不同在于，传统的所得税规避理论认为，尝试税收规避的公司只需要在税后收入的增加和税务部门的侦查风险这两者之间权衡。然而，这一理论认为，企业还需要考虑内部控制的失效，即激励机制的扭曲。这一点是无法在标准的个人所得税规避模型中予以考虑的。必须强调的一点是,激励机制的扭曲并非来自于税收部门的检查风险,而是因为一旦委托人决定采取所得税规避行为,代理人的薪酬方案结构必须随之改变。事实上,这也是因为个人所得税规避是一个单人决策的问题,而企业所得税规避不可避免地涉及多个人的相互作用。

对于所得税规避会扭曲激励机制的原因,除了上面所阐述的之外,Chen and Chu 认为,可能还存在几点很重要的原因:(1)为了进行所得税规避,所有者会将企业的信息模糊化,以此来误导税收监管部门,而这些信息往往又被用来考核经理人,所以这些模糊化信息的价值会大打折扣,这同样降低了激励的有效性。(2)为了进行所得税规避,企业往往需要高报成本和低报收入,一旦这种高报成本和低报收入的权力被指定给了经理人,经理人可能会滥用这种权力,这势必会降低成本和收入信息的价值,从而进一步降低激励的有效性。

需要重点说明的是,虽然这两点原因与前面所阐述的原因都能推导出企业的所得税规避会降低激励的有效性这一结论,但是我认为其背后隐藏了一层更深的意思。如果说因为所得税规避的非法性导致建立在非法活动上的激励契约不会被法院受理,最终使得所得税规避降低了激励的有效性,那么 Chen and Chu 的结论则只是在企业的所得税规避是非法的这一条件下才成立的。但是,如果说是因为所得税规避会加剧信息的不对称程度以及经理人会滥用所得税规避的权力,才导致所得税规避降低了激励的有效性,那么 Chen and Chu 的结论在企业正常的所得税筹划这一条件下也可能是成立的。事实上,后续的大量实证研究也证实了这一推断。

Crocker and Slemrod(2005)是另外两个将委托代理问题引入企业所得税规避研究的人。他们认为,除了 Chen and Chu(2005)以外,所有前人的文献都没有考虑代理问题,从而假定公司的所有者(而非代理人)作出税收决策。事实上,这一假定只适用于那些不存在代理冲突的小微企业。在由众多人持有的大公司里,税收决策并不一定由股东直接作出,而可能是由代理人(或者说由负责税收的经理人或 CFO)作出。为了使代理人与股东的利益一致,公司有动机将代理人的薪酬与可观察到的产出挂钩。在这种情况下,Allingham and Sandmo(1972)的模型所推导出的结论则可能不适用。例如，如果代理人因为所得税规避受到政府罚款，委托人可能会改变对代理人的激励契约，而这可能会抵消税收政策意欲达到的目的。更进一步地，税务部门针对代理人和公司的税收征管策略对公司行为可能会产生不同的影响。Crocker和Slemrod正是试图分析这一问题。他们发现，与对企业进行处罚相比，税务部门对负责企业税收问题的经理人进行处罚更有可能降低企业的税收规避行为。也就是说，对企业进行制裁所带来的激励效应并不能完美地通过薪酬契约转移到经理人身上（具体来说，是负责企业税收问题的经理人），所以直接对经理人进行惩罚会有更好的效果。此外，对经理人进行处罚会加剧委托人和代理人的冲突，这虽然会导致企业的低产出，但是却降低了企业的所得税规避程度。

最近的一篇文章则是 Desai et al.（2007）所著。他们将所得税规避问题引入公司治理的分析框架[①]，试图探讨所得税规避和公司治理之间的关系。他们建立了一个"内部人－外部人－政府"的理论分析框架。他们认为，这三方之间任意两方的关系都会产生溢出效应，从而对剩下的第三方产生影响。具体来说，因为政府享有对企业的税收索取权，因此政府实际上是任意一个企业最大的小股东。如果将内部人看成大股东，将外部人看成小股东，那么政府和外部人的利益是一致的。此时，政府针对内部人的行为将会直接影响到外部人的利益。那么，具体又是如何影响的呢？

在他们的模型中，因为所得税规避活动的复杂性往往会恶化企业的信息环境，所以内部人会利用所得税规避活动从事掏空企业的行为，即所得税规避会影响公司治理，破坏企业价值并损害小股东的利益，这同时也会损害政府的利益。为了降低税收流失，政府加强税收征管的行为无疑会抑制内部人的税收规避行为，这同时也会降低与所得税规避相伴而生的内部人掏空，使得政府的税收征管行为能够提升企业价值，保护小股东的利益。采用俄罗斯普京政府上台时颁布的一系列提高税收征管强度的事件作为研究机会，他们的理论预期得到了证实。"政府的税收征管会提升企业价值"这一结论与常识是不太一致的。按照传统的所得税规避理论，政府税收征管强度的提升会大幅增加企业的税收支出，因此它应该会降低企业

---

① 实际上，这与将委托代理问题引入税收规避的分析框架有异曲同工之妙，只是主客体不同罢了，而且他们得到的结论也都大同小异。

价值。Desai et al.（2007）得出的与常识迥异的研究结论引发了后续学者的深思。这也同样说明，在研究企业的税收规避问题时，将企业的利益相关者进行分拆，考虑企业的代理冲突是很有必要的。

他们还进一步考察了公司治理如何影响企业的所得税规避行为。他们认为，差的公司治理使得外部投资者难以对内部人实施有效监督。当税率提高时，公司更有可能通过转移利润或掏空等方式降低税负。采用跨国的经验数据，他们发现，公司治理状况较差的公司，所得税税率上升时，其所得税支出的上升程度较低，这印证了他们的理论预期。

上述是仅有的也是非常重要的几篇从委托代理角度分析企业所得税规避行为的理论文章[①]。它们无一例外地将企业内外部的委托代理问题与所得税规避问题结合起来，形成了一个新的分析框架。这些理论分析对实证研究的启示在于，学者应该考虑企业内外部各利益主体之间的冲突如何影响企业的所得税规避决策，如股东和经理人的利益冲突、大股东和小股东的利益冲突。此外，考虑到所得税规避还会反映企业的代理问题，那么所得税规避活动是否会引发代理成本以及其他隐性成本呢？后续的大量实证研究正是在这一分析框架内展开实证检验，不仅得到了很多非常有趣且令人深思的研究结论，也从不同角度验证了这一分析框架的生命力。

2.3 ——— 中国制度背景的考虑：产权性质角度 ———

我们在上两节对所得税规避理论的发展进行了阐述，这些理论研究成果大都来自于美国。然而，中国的上市公司大部分均为国有企业，国有企业的大股东通常是地方政府、中央政府或其他政府职能部门。国有企业的这一特征导致其所得税规避的意愿较非国有企业更弱。那么，"国有企业的广泛存在"这一中国最典型的制度背景会影响上述理论在中国的适用性吗？

---

① 虽然 Desai et al.（2007）所著文章是一篇既有理论模型又有经验分析的文章，但是我认为它的理论意义是前所未有的。我想这也是它能获得Journal of Financial Economics期刊2007年度Jensen奖第二名的原因所在。

首先，在"企业－政府"这一理论分析框架内，既定的假设是企业和政府是利益冲突的两方，企业的税收规避决策会依赖于税务部门查处的概率和惩罚的强度及税率的高低。然而，对于国有企业来说，这一既定的假设将被部分推翻。因为，国有企业的控股股东既是企业的所有者，又是企业税收支出的享有者。因而，本质上，政府对于企业税收和税后利润（即剩余收益）没有明显偏好。这导致国有企业的税收规避决策对税务部门的查处概率、惩罚强度及税率变更相对不敏感。因此，在不同产权性质的企业，影响所得税规避的因素会呈现差异，相同的因素对不同产权性质的企业的影响程度也会呈现差异。这使得我们在分析所得税规避的影响因素时，非常有必要区分企业的产权性质。

其次，在 Desai et al.（2007）的"内部人－外部人－政府"这一理论分析框架内，如果将内部人视为大股东，外部人视为小股东，其潜在的假设是大股东和政府不会合谋，从而使大股东利用所得税规避掏空企业成为可能。然而，国有企业的大股东和政府通常为同一主体，这使得其进行合谋变得再正常不过。因此，国有企业的大股东通过所得税规避进行掏空的动机会大大减弱。

那么，国有企业的这一特征是否会影响"股东－经理人－政府"这一分析框架呢？换句话说，国有企业的经理人是否也会通过所得税规避来进行自利寻租呢？一方面，当国有企业的经理人直接由政府委派时，其官员性质使其不仅需要承担社会责任（倾向于多缴税），还要面临财务报告压力（倾向于少缴税）。此时，经理人通过所得税规避进行自利寻租的空间和动机较小。另一方面，当经理人为企业外聘的职业经理人时，其面临的财务报告压力相比于前者要大，从而会倾向于进行所得税规避。此时，这类经理人通过所得税规避进行自利寻租的空间和动机都会较前者大。因此，综合来看，国有企业的经理人也会利用所得税规避开展寻租活动。

总之，中国的制度背景要求我们对现有的理论模型进行适当修正，并在实证分析中考虑国有企业和非国有企业的区别。

2.4 ———————————————— 本章小结 ————

　　在这一章，我们回顾了所得税规避理论的发展脉络及其对实证研究的启示。在分析框架上，所得税规避理论经历了从"企业-政府"到"委托人-代理人-政府"的发展与转变。这对实证研究的启示在于，我们需要将所得税规避研究的注意力从企业与政府的关系转移到企业内部，注重考察企业内部代理冲突对所得税规避及其经济后果的影响。

　　最后，基于中国的制度背景，我们初步探讨了这些理论在中国的适用性。"国有企业的广泛存在"这一中国最基本的制度背景使得我们在理论分析和实证研究中，都需要充分考虑国有企业和非国有企业的区别。只有这样，得出的研究结论才更符合中国的国情和现实状况。

第 3 章

文献述评

这一章将首先简要介绍现今对所得税规避进行经验度量的几种方法。之后，从所得税规避的影响因素及其经济后果两个角度出发，对与所得税规避相关的经验研究进行述评。最后，在现有研究的基础上，提出后面待检验的实证命题，并对这些实证命题的逻辑关系予以阐述。

3.1 ——————— 所得税规避的经验度量 ———————

度量企业的所得税规避程度一直是一个难题。虽然企业每年都会向税务部门报告需要缴纳的所得税，但是这一数据具有保密性质，研究者无从获取。因此，我们只能从企业向投资者报告的财务报表中获取到相关的所得税资料，并间接推算出企业的所得税规避程度。虽然通过财务报表来推算所得税规避程度往往存在一定的测量误差，但这是现有研究条件下所能获得的最佳替代变量（Hanlon，2003），也是现有文献主要采用的方法。表3-1列示了几种常用的所得税规避的度量方法。

表 3-1　　　　　　　　　　几种常用的所得税规避的度量方法

衡量方法	计算方法	描述	是否影响会计盈余	是否反映递延策略
实际所得税税率	总的所得税费用/税前利润	每一块钱税前利润所带来的所得税费用	是	否
当期实际所得税税率	（总的所得税费用-递延所得税费用）/税前利润	每一块钱税前利润所带来的当期所得税费用	可能	是
现金税费负担率	所得税现金支出/税前利润	每一块钱税前利润所支付给税务部门的所得税	否	是
长期的现金税费负担率	（过去几年的所得税现金支出之和）/（过去几年的税前利润之和）	现金税费负担率的长期平均值	否	是
实际所得税税率差额	名义所得税税率-实际所得税税率（或当期实际所得税税率）	名义所得税税率和实际所得税税率的差额	是（可能）	否
会计-税收差异	税前利润-当期所得税费用/名义所得税税率	会计利润与应纳税所得的差额	会影响一部分	是
异常的会计-税收差异	会计-税收差异对应计利润回归之后的残差	剔除应计利润影响之后的会计-税收差异	会影响一部分	是
避税	虚拟变量，企业被认定为避税时，取 1;否则为 0	被税务部门查处、被媒体曝光和企业自行披露的避税企业	是	是

注：表格的结构参考了 Hanlon and Heitzman （2010）关于税收问题的研究综述。

3.1.1　实际所得税税率及其变体

实际所得税税率是使用时间最长、运用最为广泛的所得税规避度量方法（Zimmerman，1983； Gupta and Newberry，1997）。一般认为，企业的实际所得税税率越高，所得税规避的程度越低。但是，采用总的所得税费用除以税前利润计算实际所得税税率的方法并没有考虑递延所得税的影响。因此，当期实际所得税税率作为一个改进方法得到运用。

实际所得税税率和当期实际所得税税率都是采用利润表中的数据得知。在权责发生制下，企业的所得税费用并不一定等于向税务部门实际缴纳的税款。因此，学者建议采用所得税现金支出除以税前利润的方法刻画企业的所得税税负。然而，这一方法也存在诸多缺点。所得税现金支出容易受到税收返还及企业和税收征管部门的税务纠纷的影响，这使得现金税费负担率的年度波动较大。为了弥补这一缺陷，Dyreng et al.（2008）建议采用多期现金税费负担率来平减年度波动的影响。这一方法自 Dyreng 提出之后，便得到了广泛的运用。

那么，上述方法在中国是否适用呢？首先，不同于美国，中国上市公司的名义所得税税率相差较大，有一半左右的上市公司享受着税收优惠（吴联生，2009），这使得直接采用实际所得税税率衡量所得税规避的方法不太适用。因此，在中国更好的方法是采用实际所得税税率差额，即用名义所得税税率和实际所得税税率之差来刻画所得税规避程度。然而，遗憾的是，现有的关于中国所得税规避的文章大都直接采用国外的方法而未作调整[①]。其次，中国的会计准则并不需要上市公司在现金流量表中披露所得税现金支出，而是只披露总的税收支出[②]。因此，现金税费负担率并不适用于中国。

3.1.2 会计-税收差异及其变体

采用会计-税收差异来衡量所得税规避的方法归因于会计准则与所得税法的逐步分离，使企业利用会计-税收差异来规避所得税成本（Desai，2003，2005）。例如，Mills（1998）、Mills and Sansing（2000）和 Chan et al.（2010）都发现，上市公司的会计-税收差异越大，它们被税务部门检查的概率和出具的纳税调整数额也就越大。这说明税务部门视公司过大的

[①] 一个替代的方法是当实际所得税税率为因变量时，在模型的右边（即控制变量中）加入名义所得税税率。

[②] 一个例外是，1998—2000 年，我国上市公司的现金流量表中披露这一数据。

会计－税收差异为所得税规避的信号。因此，采用会计－税收差异衡量所得税规避有一定的现实基础。然而，采用这一衡量方法也存在以下问题：首先，Hanlon（2005）发现，会计－税收差异也是企业盈余质量低下的表现。当公司的会计－税收差异越大时，盈余持续性就越低。Frank et al.（2009）则发现，公司的会计－税收差异与盈余管理程度显著正相关，这说明财务报告激进度也会影响企业的会计－税收差异。其次，企业的一部分会计－税收差异是会计准则和税法对企业业务的处理差异造成的，而并非企业自身的机会主义行为。例如，Tang and Firth（2011）基于中国 B 股上市公司的数据发现，这些公司约 77% 的会计－税收差异是由正常经营活动造成的。戴德明和姚淑瑜（2006）采用 A 股公司的数据发现这一比例约为 70%。

那么，如何解决这一缺陷呢？Desai and Dharmapala（2006）认为，将应计利润对会计－税收差异的影响进行剔除，可以部分避免上述问题。因为应计利润可能包括了大量关于企业盈余管理以及会计准则和税法处理差异的信息。这一方法也被广泛使用。

然而，需要注意的是，即便从会计－税收差异中剔除应计利润的影响，是否就真的能够保证它不反映企业盈余质量等信息呢？这也就意味着我们需要谨慎使用这一指标。

3.1.3　被认定为存在所得税规避行为的企业

这类方法非常直接地衡量了企业的所得税规避行为。它将企业分为两类：避税企业和非避税企业。Graham and Tucker（2006）、Wilson（2009）和 Lisowsky（2010）采用了这类方法。这类衡量方法的好处在于它的可确定性，即这类企业的所得税规避行为是真实发生了的。但是，这类衡量方法同样存在诸多劣势。首先，可能存在样本的选择性偏差。因为这类企业只是被税务部门或媒体曝光了的，那些虽然存在所得税规避行为但未被抓到的企业则未被纳入。其次，这种衡量方法也可能是内生的。因为那些有能力进行所得税规避的企业有可能是那种与政府关系比较好的、具有超强游说能力的企业。即使它们有着非常激进的所得税规避行为，也并不会被抓到。而那些没有游说能力且所得税规避程度并不是很高的企业反而有可能被抓到。因此，被认定为存在所得税规避行为的企业也许并不是所得税规避最严重的企业（Hanlon and Heitzman，2010）。最后，这一指标的获取成本较高。

上述几类指标被当前研究所得税规避问题的文献广泛使用。总体而言，各类指标都有其优缺点。因此，我们在使用这些指标时，最好根据所研究的具体问题选择恰当的指标。此外，为了保持研究结论的稳健，我们在研究过程中，不妨同时采用这几类指标进行实证检验。

3.2 ——— 所得税规避的影响因素研究述评 ———

近几年来，研究所得税规避影响因素的文章如雨后春笋般大量涌现。这一方面是因为企业的所得税规避行为正成为一个全球性的普遍现象，但是学者们对于影响所得税规避的原因却知之甚少（Shackelford and Shevlin，2001；Hanlon and Heitzman，2010）；另外一方面则是在安然财务丑闻暴露之后，大家发现很多企业利用会计准则和所得税法的不一致，在向上操纵会计利润的同时，向下操纵应纳税所得。这些现实状况使学者们对企业所得税规避的影响因素产生了浓厚的兴趣。在这一部分，所得税规避的影响因素研究将按照所得税规避的理论发展分开阐述。

3.2.1 传统的所得税规避理论视角下所得税规避的影响因素研究述评

基于传统的所得税规避理论视角，大量研究在"企业—政府"这一框架内对所得税规避的影响因素进行了检验。这些研究将企业视为一个整体，试图探讨企业的资产结构、经营活动、与政府的关系等因素对所得税规避的影响。

1. 企业规模

政治成本理论（political cost theory）和政治权利理论（political power theory）对企业规模与所得税规避的关系给出了不一致的预期。政治成本理论认为，规模越大的企业，越容易受到政府和社会公众的关注。

这类企业会谨慎行事，从而所得税税负较高。Zimmerman（1983）的实证研究支持了这一观点。而政治权利理论则认为，大企业手握更多的资源，它们有能力对政府进行游说，以获取较低的所得税税负。Porcano（1986）的实证研究支持了这一观点。

基于中国特殊的制度背景，Wu et al.（2012a）发现，政治成本理论和政治权利理论同时存在。当公司不享受税收优惠时，企业规模与所得税税负在非国有企业呈现正相关关系，在国有企业却呈现负相关关系。当公司享受税收优惠时，上述关系都不存在。这说明政治成本理论可以解释非国有企业的企业规模与所得税税负的关系，而国有企业则适用政治权利理论。因此，政治成本理论与政治权利理论具有一定的适用条件，不能一概而论。

2.资产结构与经营活动

企业内部的资产结构也会对所得税规避程度产生重要影响。（1）资产负债率较高的企业，因为债务利息的税盾效应，所得税税负会相对较低。（2）资本密集度越高的公司，将有更多的空间采用不同的固定资产折旧方法，且公司内部也更为复杂，从而这类公司更可能有较低的所得税成本。存货密集度则刚好相反，它会使公司的所得税成本相对较高（Mills and Newberry，2001）。（3）公司的盈利能力与所得税规避程度的关系并不确定。Rego（2003）发现盈利能力越强的企业会更多地进行避税，而吴联生（2009）却发现了相反的结论。总之，企业的资产结构与所得税规避的关系常常随着研究问题、研究样本和研究环境的不一致而发生改变。这说明资产结构对所得税规避的影响有着较多的约束条件。这些因素也常被作为所得税规避模型不可或缺的控制变量。

企业的经营活动也会对所得税规避产生影响。例如，跨国企业利用收入转移等方式逃避税负早已成为了不争的事实，这使得有着海外经营业务的企业所得税税负相对较低（Rego，2003）。此外，当企业处于市场竞争非常激烈的经营环境下，会倾向于更大程度地从事所得税规避活动（Cai and Liu，2009）。

3.与政府的关系

在所得税规避的"企业-政府"分析框架内，政府对企业的影响无疑

31

是学者们重点关注的。企业与政府的关系对企业的所得税规避可能存在两种截然不同的影响。一方面，企业与政府的关系越近，企业越有可能成为政府获取财政收入的手段，且企业的税收信息也更容易被政府部门掌握，从而难以进行所得税规避；另一方面，企业与政府的关系越近，企业可以更容易通过向政府寻租的手段获取税收优惠，从而所得税税负较低。这两种影响在现有的实证文章中都有体现。

郑红霞和韩梅芳（2008）、吴联生（2009）以及彭韶兵和王伟（2011）都发现，相比民营上市公司，国有上市公司的所得税激进程度更低，这源于国有企业更容易遭遇政府部门的行政干预。进一步地，刘行和李小荣（2012）、Wu et al.（2013）发现，国有企业的高税负主要集中在地方国有企业，中央国有企业的所得税税负与民营企业并无显著差异。刘行和李小荣（2012）采用公司层面的政府干预指标发现，地方国有企业受到的政府干预程度越高，所得税税负也就越高，这进一步验证了上述结论。基于美国公司的数据，Mills et al.（2013）发现，与政府存在商业契约的公司更容易发生高的所得税成本，这是因为这类公司的商业活动更容易被政府审计和检查。然而，如果这家公司议价能力足够强，那么可以降低上述活动所带来的高税负。

政治关联作为企业与政府建立关系的重要手段，有文献从这一角度考察了它对企业所得税税负的影响。Adhikari et al.（2006）采用马来西亚上市公司的数据发现，政治关联降低了企业的所得税税负。吴文锋等（2009）则发现，中国民营企业建立政治关联也可以有效降低所得税税负。Wu et al.（2012b）则发现，有政治关联的国有企业所得税税负反而更高。这说明政治关联对民营企业和国有企业的影响存在很大的差别。国有企业的政治关联有利于政府对企业进行干预，会降低企业效率，而民营企业的政治关联有利于企业获取政治资源，从而促进企业效率。

4.企业所在地区的制度与文化特征

企业所在地区的制度和文化环境对企业的行为特征有着非常重要的影响，众多文献从这一角度出发探讨了企业所得税规避的影响因素。

Hoopes et al.（2012）发现税务部门的审查力度越大，企业的所得税规避程度越低。Atwood et al.（2012）发现，企业的所得税规避程度在很大程度上受到母国税法系统特征的影响。具体来说，当企业母国对会计和税法的一致性要求越高时，企业的所得税规避程度越低；如果企业母国采用的是全球税制，而非地区税制，则企业的所得税规避程度较高；此外，当企业母国的税收执法强度越高时，企业的所得税规避程度越低。DeBacker et al.（2013）研究了在美国经营的国外企业，发现如果这些企业的所有者来自于腐败程度较高的地区，则这些企业在美国经营时会更多地进行税收规避。Boone et al.（2013）研究了宗教对美国企业所得税规避的影响。他们发现，当企业总部所在的地区宗教氛围比较浓厚时，这些企业会更少避税。Beck et al.（2014）研究了地区的金融发展水平对企业避税的影响，发现金融部门越不发达的地区，企业的税收规避程度越高。这些研究说明企业所属国家和地区的文化制度特征对企业的税收行为有着非常重要的影响。

　　基于中国上市公司的数据，Wu et al.（2013）发现，企业所在地区的私营经济规模越大，所得税税负就越高，且这一关系在民营企业表现得尤为突出。曹书军等（2009）发现，地区的财政分权程度会影响该地区上市公司的所得税税负。具体而言，上市公司所得税税负与所在地区财政对中央财政的依赖程度呈倒 U 型关系。马光荣和李力行（2012）采用中国非上市公司的数据发现："县级政府会将自身规模扩大后的财政压力施加到企业身上，从而提高企业的所得税税负水平。但是，这并没有带来地方税收征管水平的提高，反而刺激了企业更多地进行避税。"此外，吴联生和李辰（2007）发现，地方政府制定的企业所得税"先征后返"的优惠政策降低了企业的所得税税负，而中央政府对该优惠政策的废止提高了企业的所得税税负。刘行和叶康涛（2014）采用中国的数据考察了金融发展对企业税收规避的影响。一方面，他们发现了与 Beck et al.（2014）一致的结论，即金融发展会降低企业的税收规避水平。另一方面，他们还发现，金融发展对税收规避的影响会受到企业产权性质的影响。具体而言，金融发展对税收规避的影响主要发生在民营企业，而非国有企业。

　　综合来看，从地区的制度和文化特征入手，研究所得税规避影响因素的文献在最近几年开始增多。中国是一个拥有 30 多个省、自治区和直辖市的国家，且中国各地区的制度环境差异非常大。这使得中国是一个研究制度环境对企业税收规避影响的理想场所。从现有的文献来看，研究成果还相对缺乏，相信会有越来越多的学者在此进行推进。

5. 管理层特征

鉴于管理层可能是企业税收问题的直接决策者，有文献考察了管理层的个人特征对所得税规避程度的影响。Joulfaian（2000）发现，当企业的经理人低报了自己的个人所得税时，他所经营的企业的所得税规避问题也会比较严重。这说明管理者的个人行为会在很大程度上影响其所经营的企业的行为。Dyreng et al.（2010）估计了管理者个人特征到底可以在多大程度上解释企业的所得税规避。他们发现，税收激进和税收保守的管理者，他们所经营的公司的实际所得税税率相差约11%，这说明管理层的个人特征是企业所得税规避的重要影响因素。但是，他们并未寻找到管理者的哪些个人特征在影响企业税收。薛爽等（2012）分别从组织影响力、专业影响力、声誉影响力和所有权影响力四个方面刻画了企业CFO的影响力，并发现CFO的影响力越大，企业的所得税税负就越低。Francis et al.（2014）发现，女性CFO经营的公司税收规避程度更低。这些研究将Dyreng et al.（2010）的研究结论具体化了。管理层的政治取向也可能影响企业的所得税税负。Christensen et al.（2012）发现，倾向于共和党的管理层所经营的公司有更低的所得税规避程度，这源于共和党"保守主义"的政治哲学。

可以看出，虽然这些文献有所发现，但是毫无疑问，这类研究还仍然有很大的空间。管理层的个人特征非常多。例如，经理层的任期越长，对企业的经营活动就越了解，这会不会使得他更容易提高税收筹划的效率呢？这些问题都值得深入研究，也对企业的纳税实践和政府部门的税收审查工作有重要的启示作用。

6. 外部审计

作为企业财务报告生成的重要参与方，外部审计师也会对企业的所得税规避活动产生影响。金鑫和雷光勇（2011）采用审计意见和审计费用作为审计监督的替代变量，发现高强度的审计监督可以有效抑制企业的所得税规避程度，且这一作用在非国有企业更为显著。McGuire et al.（2012）则发现，审计师的行业专长（包括税收业务的行业专长和总的行业专长）

会加剧企业的所得税规避程度，这与金鑫和雷光勇（2011）的结论形成了鲜明对比。这也说明审计师对企业的税收决策有双重作用。

那么，这类研究是否还有拓展的空间呢？我认为，基于中国上市公司的这类研究还非常缺乏，考虑到中国上市公司现有的财务报告中未系统披露审计师提供的税务咨询服务及其收费情况，等到这一信息可以获取之后，相信会有很多新的研究成果产生。

7.企业战略

随着研究视角的拓展，一些学者试图从企业战略的视角考察企业税收规避的动因。Higgins et al.（2014）将企业的战略类型分为探索者、分析者和防御者三类。结果显示，相比分析者，探索者和防御者都有更高的概率参与税收规避。但是，探索者参与恶性避税的动机更大。Kubick et al.（2015）则发现，一个行业中占据领导地位的企业更有可能参与税收规避。

8.其他因素：社会责任、组织设计等

学者们还发现了很多其他影响企业税收规避的因素。Lanis and Richardson（2011，2012）发现，履行了更多社会责任的企业会更少避税。Huseynov and Klamm（2012）则发现社会责任会影响审计师提供的税收服务和所得税规避之间的关系。

Robinson et al.（2010）发现，相比那些将企业的税务部门定位为成本中心的企业，那些将税务部门定位为利润中心的企业有着更高的所得税规避程度，表现为实际所得税税率更高。Klassen et al.（2012）则分析了企业税务报表编制者的类型对所得税规避的影响。他们通过实证发现，那些由企业内部的税务部门负责编制税务报表的企业，会比那些由外部审计师或其他外部机构负责编制税务报表的企业有着更高的所得税规避程度。这与 Robinson et al.（2010）的结论有相似之处，即组织设计可能会对企业的所得税规避产生影响。李万福和陈晖丽（2012）则发现，内部控制越好的企业，其实际所得税税负越低。

从上述内容可以看出，影响所得税规避的因素有很多，现有的研究也非常丰富。然而，基于中国的实证证据还不是很多，特别是将中国的现实制度背景与所得税规避结合起来的文章比较稀缺。正如 Li and Cai（2011）所说，中国有很多独特的研究话题。例如，如何检验税务部门与企业之间的讨价还价行为，以及如何利用税收改革所提供的自然实验机会检验美国等发达资本市场无法检验的问题。我相信，在这些问题上可以挖掘出更多有意义的研究话题，也可以进一步推进现有的学术文献。

3.2.2 所得税规避的代理理论视角下所得税规避的影响因素研究述评

在所得税规避的代理理论视角下，研究者不再将企业视为一个整体，而是将企业进行分解，试图考察企业内部的代理冲突、股权结构及公司治理状况对所得税规避的影响。这些研究让我们对企业的所得税规避问题有了更深入的了解。

1. 高管激励

Desai and Dharmapala（2006）建立了一个管理层掏空与所得税规避相互影响的模型，以此来考察高管激励对所得税规避程度的影响。在他们的模型中，高管激励会从两个方面影响企业的所得税规避程度：一方面，高强度的激励会使管理层和股东的利益一致，从而管理层会更愿意通过所得税规避来促进企业价值的提升，这使得高管激励与所得税规避程度会呈正相关关系；另一方面，高管激励会降低管理层对企业的掏空，这同时也降低了管理层通过所得税规避来掩饰掏空的需求，这使得高管激励与所得税规避程度会呈负相关关系。因此，从他们的理论分析来看，高管激励与所得税规避的关系并不明朗。他们采用经验数据发现，高管激励与所得税规避程度显著负相关，且这种关系只存在于公司治理较差的企业。这印证了他们的第二种猜想，即管理层的掏空行为与企业所得税规避活动相伴而生。他们的文章虽然受到了后人一些研究的质疑，但是他们拉开了从代理理论出发实证检验企业所得税规避影响因素的序幕。而且，他们关于管理层掏空和所得税规避相互影响的观点启发了后续的大量研究。

Phillips（2003）采用调查数据，实证检验了 CEO 和分部经理的业绩考核方法对企业所得税规避的影响。他发现，当企业对分部经理的业绩采用税后利润作为考核标准时，企业的所得税规避程度会显著增大，但是这种现象并不存在于 CEO。Minnick and Noga（2010）则发现，CEO 的业绩敏感性可以显著降低企业所得税税负。与之类似的一篇文章是

36

Armstrong et al.（2012），他们同样采用调查数据发现，对企业税务经理的薪酬激励可以显著降低企业的实际所得税税率，但是企业其他高管的薪酬激励却无此效果。Rego and Wilson（2012）将企业的所得税规避活动视为一种冒险行为（risk taking），发现管理层的股票风险激励可以显著提高企业的所得税规避程度。

　　这几篇文章的结论都一致表明，对高管的激励可以在很大程度上影响企业的所得税规避程度，这是传统的所得税规避理论并未考虑的问题。但是，一方面，我们并不清楚真正对企业税收问题起决定作用的高管是哪位，是 CEO 还是 CFO；另一方面，基于公开数据，我们也不清楚企业对高管的薪酬激励是否有考虑企业税负，以及如果有考虑，他们是如何考虑的。这些问题使得现有的研究并不能对研究结论作出非常好的解释（除了采用调查数据的研究之外）。因此，数据的限制是研究这一问题的主要障碍，在中国更是如此。

2.股权结构

　　上市公司的股东由众多个体或机构组成，股东的类型、股权的构成都会影响企业的行为，包括企业的税收决策。

　　Chen et al.（2010）实证考察了家族企业是否有更激进的税收行为。他们认为，相比股权极度分散的企业，虽然家族企业的代理冲突更严重，但是家族企业更加注重声誉，他们愿意放弃所得税规避所带来的税利，而避免因为投资者担心企业所得税规避所带来的经理人的机会主义行为（Desai and Dharmapala，2006），从而对股票进行折价等隐性成本。这使得家族企业更不会从事所得税规避行为，特别是当家族企业需要进行再融资和外部监督力量较强时，其所得税规避程度会更低。Chen et al.（2010）的结论是对 Desai and Dharmapala（2006）及 Desai et al.（2007）结果的进一步验证和拓展，它被后续的研究广泛引用。

　　McGuire et al.（2014）则研究了美国双重投票权的股权结构对所得税规避的影响。他们发现，当企业拥有双重投票权的股票，以及由双重投票权所导致的控制权和现金流权分离程度越大时，企业的所得税规避程度越低。他们认为，这是因为这类股权结构会使得管理层变得不作为，从而避免去开展那些存在风险的行为，例如所得税规避。Badertscher et al.

（2013）采用非上市公司的数据却发现了相反的结论。他们的解释是，控制权和现金流权分离程度越高，经理人可以在承担较小成本的情况下控制大量的资源，从而企业越会进行一些高风险的投资，所得税规避活动则符合这一特征。

Cheng et al.（2012）从对冲基金的角度研究了企业的所得税行为。他们发现，在对冲基金未进入公司之前，这些公司的所得税规避程度与其他公司无异。但是在对冲基金进入公司之后，他们的所得税规避程度显著提高了。这表明对冲基金的进入可以增强公司的外部监督力量和营造经营压力，从而公司会努力提高税收效率，降低所得税税负。

可以看出，考察股权结构对所得税规避影响的文献还并不是很多，很多文章也还处于工作论文阶段，基于新兴资本主义国家的经验证据更是缺乏。因此，后续的文献可以在此进行深入挖掘。Hanlon and Heitzman（2010）也说道，研究股权结构对所得税规避的影响尤为重要。

3.声誉

所得税规避常常与管理层的机会主义行为相伴而生，这使得从事所得税规避活动的企业会面临声誉损失。由此引发的问题是：声誉真的是影响企业是否进行所得税规避行为的因素吗？换句话说，声誉会成为企业不采取所得税规避活动的一个理由吗？虽然 Chen et al.（2010）认为，家族企业较低的所得税规避程度是因为其在乎声誉，但是这一证据并不是非常直接，有可能存在其他替代性解释。

Gallemore et al.（2014）检验了113家因为所得税规避而遭受公众审查的公司。他们认为，如果企业真的会因为所得税规避而蒙受声誉损失的话，那么高管的离职率应该会增加，销售收入会降低、广告成本会增加等。但是，他们并没有发现一致的证据。此外，他们还发现，在这之后，这113家企业后续的所得税规避程度并没有降低。因此，他们认为，声誉可能并不能解释企业的所得税规避行为。

Graham et al.（2013）则直接针对这一问题展开了调查研究。他们给将近600位负责企业税收问题的经理人发放了调查问卷，询问了他们企业进行税务筹划的激励和阻碍因素。他们发现，有69%的受访者将声誉问题归为企业不去进行所得税规避的非常重要的原因，仅次于商业考虑这一因素排在第二。

Gallemore et al.（2014）和 Graham et al.（2013）在声誉是否会影响企业的所得税规避这一问题上得出了完全相反的结论。然而，就研究结论的可信度而言，我更相信 Graham et al.（2013）。因为，一方面 Gallemore et al.（2014）的样本有严重的自选择偏差，即在乎声誉的企业可能不会去避税，而从事税收规避行为的恰好是那些声誉损失会非常小的企业（或者说不太在乎声誉的企业）；另一方面他们的样本量较小，这使得实证检验的可信度大大降低。

当然，如果能够找到一个更为合适的衡量声誉的指标，采用大样本检验它对所得税规避的影响，将是对现有文献的较大推进。

4.公司治理

公司治理对企业所得税规避的影响在理论上并不确定。一方面，按照 Desai and Dharmapala（2006）的观点，如果所得税规避与管理层掏空行为相伴而生的话，那么公司治理应该会降低所得税规避程度。Desai et al.（2007）也认为，公司治理状况比较好的企业，一般都比较透明，从而进行所得税规避相对较难。另一方面，如果将所得税规避看成企业的一项投资，为了促进企业价值提升，公司治理较好的企业会努力提升税收效率，从而可能会去进行所得税规避。正如 Cheng et al.（2012）发现的，对冲基金的引入可以增加企业的所得税规避程度。

那么，公司治理到底会如何影响企业的所得税规避呢？直接检验公司治理与所得税规避的实证研究并不多。当然，高管激励实际上属于公司治理的一部分，但即便如此，就像前面所综述的，现有文献也并未发现非常一致的结论。

Armstrong et al.（2015）以董事会中财务专家和外部董事的人数作为公司治理的替代变量，考察了它对所得税规避的影响。与前人研究不一致的地方在于，他们采用了分位数的回归方法。他们发现，公司治理与所得税规避的正相关关系出现在所得税规避程度非常低的时候，而在所得税规避程度较高的部分，公司治理与所得税规避呈负相关关系。这表明，一方面，公司治理好的企业会进行较低程度的所得税规避，但另一方面，公司治理好的企业不会进行较高程度的（即非常激进的）所得税规避。

Armstrong et al.（2015）的结论表明，公司治理对所得税规避的影响主要分布在所得税规避的两端。这也许是导致其他文献发现公司治理对所得税规避仅存在微弱影响的原因（Minnick and Noga，2010）。

可见，检验公司治理对所得税规避影响的文献非常稀少，且现有的研究仅限于横截面的比较。这使得研究结论在很大程度上受到内生性问题的困扰。而且，公司治理机制有很多种，现有的研究仅仅讨论了高管激励以及董事会结构对所得税规避的影响。对于监事会、控股股东等又会起到什么作用，我们仍然不得而知。

5.其他因素

还有文献从其他角度展开了研究。Chyz et al.（2013）是较新的一项研究。他们分别采用横截面和时间序列的分析，发现工会组织的存在会降低企业的所得税规避程度。其中的原因在于：（1）工会组织有监督作用，它会限制经理人从事激进的税收决策。因为激进的税收决策可能包含经理人的机会主义行为。（2）工会组织的寻租行为也会降低经理人从事所得税规避活动的动机。因为工会组织会要求分享所得税规避所得，这无疑会降低经理人从事所得税规避活动的收益。这两种原因综合起来使得工会力量与企业的所得税规避程度呈现负相关关系。

综合来看，从代理理论的视角出发，探究所得税规避影响因素的文献自2006年以后开始慢慢出现，且取得了不俗的成绩。然而，相比于传统的所得税规避理论下丰硕的研究成果，这类研究还略显稀少，特别是研究公司治理对所得税规避影响的文献更是凤毛麟角。后续文献可以利用提升公司治理机制的自然实验机会，综合检验公司治理对所得税规避的影响，这不仅可以克服内生性的影响，也可以避免公司治理机制选取的单一性问题。

此外，正如在理论分析阶段的总结一样，国有企业不同于民营企业的特有的代理问题会对所得税规避产生何种影响呢？现有基于中国的研究仅仅限于产权性质和政府干预，还并未真正从代理冲突角度展开分析。

3.3 ——————所得税规避的经济后果研究述评——————

所得税规避有许多潜在的经济后果。这些后果可能是直接的，如会使得企业的所得税支出减少，这可能会增加公司的财富，但也可能是间接的，如会对资本结构产生影响。此外，这些后果可能是积极的，如降低税收成本，但也可能是消极的，如扭曲激励机制等（Chen and Chu，2005）。那么，所得税规避还存在哪些影响呢？与上部分关于所得税规避影响因素的综述一致，我们也将这一问题的综述按照所得税规避的理论发展分为两个部分。

3.3.1 传统的所得税规避理论视角下所得税规避的经济后果研究述评

这一类文献相对较少，这主要是因为在传统的所得税规避理论视角下，企业所得税规避的经济后果主要表现为税务部门的检查和处罚以及企业所得税支出的减少。这两种经济后果显然无须进行实证检验。然而，一些财务经济学领域的学者将所得税规避与资本结构、债务融资成本进行了结合，发现了一些有意思的结论。

1.资本结构

Graham and Tucker（2006）搜集了 44 家被认定为存在避税行为的企业，他们发现这些企业在避税过程中，进行债务融资的比例要显著低于其他企业。这是因为企业的避税行为降低了它们对债务"税盾"作用的需求。由此，Graham 和 Tucker 认为，企业的所得税规避行为是影响资本结构的重要原因。Lim（2012）采用韩国上市公司的大样本数据，进一步验证了 Graham and Tucker（2006）的结论。

2.债务融资成本

这一类研究与资本结构的研究一脉相承。理论分析认为，所得税规避的企业降低了对债务融资的需求，从而使这类企业的财务宽松度较高、破产成本较低、预期的违规概率也较低。因此，所得税规避程度与债务融资成本呈正相关关系。Lim（2011）采用韩国上市公司的数据验证了这一理论预期。同样的结论也存在于 Kim et al.（2010）对美国上市公司的研究。

3.3.2 所得税规避的代理理论视角下所得税规避的经济后果研究述评

从代理理论出发考察所得税规避经济后果的研究较多，这是因为这一理论的发展让学者们对传统的关于"所得税规避行为是企业的一种价值最大化行为"的观点产生了质疑。而且，理论分析也表明，企业的所得税规避行为不仅仅只会带来税收部门的检查和惩罚这一成本，它还存在诸多潜在的隐性成本。一系列的实证研究分别从信息质量、企业价值等角度予以证实。

1.信息质量

Chen and Chu（2005）的理论分析指出，所得税规避之所以会扭曲激励机制，一个很重要的原因就是所得税规避的复杂性会使企业收入和成本信息模糊化，即所得税规避可能会加剧信息不对称程度。例如，为了将利润转移至低税率地区，企业可能会制订非常复杂的转移定价方案，而这些方案在很大程度上会增加外部股东以及董事会了解企业的难度，即增加了企业的复杂度。那么，这是否是事实呢？

Frank et al.（2009）考察了企业的税收激进度与财务报告激进度之间的关系。他们发现，在控制其他因素的影响之后，这两者呈显著的正相关关系。这说明企业在进行所得税规避的同时，也对财务报表进行了操纵，抑或相反。Chen et al.（2011a）和 Balakrishnan et al.（2012）直接考察了所得税规避对企业信息透明度的影响。他们都同时发现，企业的所得税规避活动确实显著降低了信息透明度，他们采用多种指标衡量企业的信息透明度都得到了一致的结论。虽然他们的结论容易受到内生性问题的影响，但是 Balakrishnan et al.（2012）采用一阶差分模型仍然能够得到相同的结论。吕伟等（2011）采用中国上市公司的数据，发现所得税规避程度越高，企业股票价格的同步性也越高，这说明所得税规避活动干扰了市场对企业信息的理解。这些研究在一定程度上证实了 Chen and Chu（2005）的理论预期。

Kim et al.（2011）则创造性地从企业股票价格的崩盘风险角度展开了研究。他们认为，如果所得税规避活动果真隐藏了经理人的机会主义行为，降低了企业的信息透明度，那么一旦企业的这些行为在未来暴露并流向市场，势必引起股价的突然下降，即出现崩盘。实证结果显示，企业当期的所得税规避程度与下一期股票价格的崩盘风险显著正相关，且强有力的外部监督可以弱化两者的正相关关系。这印证了他们的理论预期，也从侧面证明企业的所得税规避活动确实会降低信息质量。

反面的声音永远都会存在。Lennox et al.（2013）发现，所得税规避程度越高的企业，发生财务舞弊的概率越低。这一结论与上述研究形成鲜明对比。他们认为，这是因为如果企业被认定为财务舞弊，那么它们从所得税规避中获得的收益会大大降低。因此，进行所得税规避的企业会谨慎行事，从而避免被指认为财务舞弊。

这些研究结论虽然存在差异，但是就我看来，其实并不冲突。首先，所得税规避活动会降低企业的信息透明度，使得投资者难以了解企业内部的运营状况。但是信息透明度的降低并不意味着企业在进行财务舞弊。其次，虽然所得税规避活动和财务报告激进度显著正相关（Frank et al.，2009），但这种正相关可能是因为企业负向的盈余管理造成的，而非正向的盈余管理。而我们知道，一般来说，财务舞弊往往是企业向上操纵盈余的结果。而且，只有当企业财务报告的激进度达到一定程度时，才可能被认定为财务舞弊。因此，如果我们能够借鉴 Armstrong et al.（2015）的方法，采用分位数回归，则我们就可以发现企业所得税规避活动与财务报告激进度的正相关关系到底存在于哪一段。这可能是我们更为感兴趣的，也是更具政策含义的。

2.企业价值

在传统的所得税规避理论视角下，所得税规避对企业价值的影响似乎并无实证检验的必要。在"企业-政府"这一分析框架内，企业进行所得税规避的成本来自于税务部门的查处和惩罚，而收益则来自于所得税支出的减少。因此，平均来看，只要企业的所得税规避活动不激进至被税务部门查处，所得税规避对企业价值是会产生促进作用的。然而，在引入委托代理问题之后，所得税规避与企业价值的关系变得不太明朗了。所得税规避的代理理论认为，所得税规避会扭曲激励机制，管理层还会利用所得税规避来进行自利寻租行为，而且所得税规避还会损害企业的声誉，这表明所得税规避存在诸多隐性成本。从而，企业的所得税规避活动并不一定会提升企业价值。那么，实证检验的结果如何呢？

Desai and Dharmapala（2009）发现，平均而言，企业的所得税规避活动并没有提升企业价值。只有在公司治理机制比较完善的企业，企业价值才会得到提升。Hanlon and Slemrod（2009）则搜索了关于企业存在激进税收行为的新闻报道，并通过计算市场超额回报来考察投资者对此的反映。他们发现，平均来看，投资者会对企业激进的所得税规避行为呈现轻微的但显著为负的反应。然而，当公司的现金税费负担率较高和公司治理状况较好时，这种负面的反应会比较轻。

最新的一篇相关研究来自于 Mironov（2013）。这篇文章采用俄罗斯企业的大样本数据，发现企业意在降低所得税税负的利润转移行为并没有提高企业业绩，反而降低了企业的业绩。他认为，这正是源于与利润转移行为紧密相伴的大股东或经理人的掏空行为。在将样本进行分拆，考察一部分不太可能发生掏空行为的样本企业时，他发现上述负相关关系不存在了。可见，与所得税规避行为相伴而生的掏空行为是影响所得税规避并不一定会提升企业价值的重要原因。相比以往的研究，这篇文章的贡献在于，它采用俄罗斯银行部门的私密数据更好地度量了企业意在降低所得税税负的利润转移程度，也就是所得税规避程度。他的研究也是对 Desai et al.（2007）的一个重要拓展。

Hasan et al.（2014）研究发现，企业的税收规避活动显著提升了企业在银行的借贷成本，这为税收规避影响企业价值的路径提供了很好的经验佐证。

陈旭东等（2011）基于中国上市公司的数据，也对所得税规避与企业价值的关系进行了考察。他们采用中国上市公司2001—2009年的数据发现，平均而言，所得税规避行为降低了企业价值。然而，在信息透明度比较高的企业，这种负面程度会显著降低。

这四篇文章的结论支持了所得税规避的代理理论，即所得税规避活动并不一定会促进企业价值。只有在公司治理较好的情况下，经理人的机会主义行为会在很大程度上受到制约，所得税规避所导致的代理成本也就较为有限，从而企业价值会得到提升。然而，这四篇文章都只是在理论分析中提到所得税规避会导致经理人或大股东的掏空，并未直接提供经验证据，并且国外的研究基本没有直接度量过大股东的掏空。考虑到中国上市公司大股东占用企业资金的现实，这一问题在中国可以得到很好的解答。此外，我们对于所得税规避降低企业价值的具体路径也知之甚少。

3.其他代理成本

还有文献从高管晋升、审计定价等视角，研究了所得税规避活动的代理成本。具体而言：

Bradshaw et al.（2012）采用中国上市公司的数据，发现国有企业所得税税负的提升可以显著增加经理人晋升的概率，但是会破坏企业价值。这说明国企的经理人为了自身利益会使企业承担高额的所得税税负，且蒙受价值损失。

Donohoe and Knechel（2013）则发现，审计师会向所得税行为非常激进的企业收取相对较高的审计费用，这说明审计师将企业的所得税规避行为视为潜在的审计风险，从而会要求较高的审计溢价。

综上所述，虽然从代理理论视角考察所得税规避经济后果的文献已然形成了一定的规模，但是仍显不足。首先，虽然 Chen and Chu（2005）的理论分析表明，所得税规避会扭曲激励机制，降低内部控制的有效性，但是相关的经验证据仍然缺乏[①]。其次，所得税规避对企业价值的影响渠道有哪些？是否所得税规避会提高企业内部的代理成本？所得税规避的复杂性会扭曲企业的投资决策，从而降低企业的投资效率吗？所得税规避是否真的会加剧大股东的掏空？此外，如何将这一理论与中国的制度背景结合起来？对于这些问题，仍然没有很好的解释。虽然 Bradshaw et al.（2012）做了一些尝试，但是他们只是考察了企业的所得税负对高管晋升的影响。最后，中国在最近几年颁布了若干关于企业税收的法令，如对红利实行差别征税。那么，这些法令的诞生创造了哪些国外研究无法检验的命题呢？它又会对企业产生何种影响？这些问题都有待于我们进一步

---

① 虽然 Barile（2012）采用实验研究验证了 Chen and Chu（2005）的理论预期，但是大样本的实证检验仍然缺乏。

研究。

3.4 ——— 待检验实证命题的提出及其逻辑关系 ———

在前面的叙述中，我们对所得税规避理论的发展脉络及其相关的实证研究进行了梳理，这使我们对现有研究的发展和缺失有了一个清晰的了解。在此基础上，本书将对以往研究没有涉及的地方作一个简单的总结，并结合内容完整性的考虑，提炼出后面待检验的实证命题。之后，本书会对各实证命题之间的逻辑关系进行阐述。

3.4.1 实证命题的提出

文献综述显示，从代理理论出发，研究企业所得税规避问题的文章可分为两个部分：其一，与企业代理冲突相关的因素（包括高管激励契约、股权结构、公司治理等）如何影响企业的所得税规避决策。其二，企业的所得税规避活动有何经济后果，特别是它会给企业带来哪些隐性成本。

总体而言，对于第一类研究：首先，研究的对象主要集中于美国，基于中国的研究基本为零。其次，研究的问题主要集中于探讨高管激励和股权结构如何影响所得税规避。从公司治理机制的角度展开全面研究的文章还较少。因此，基于中国的制度背景，探讨公司治理如何影响中国上市公司的所得税规避决策，无疑是一个非常有意思也非常有意义的话题。而且，这一选择也与我们下面即将作出的其他研究选择息息相关。

对于第二类研究，研究内容主要集中在两个方面：其一，所得税规避对企业信息质量的影响；其二，所得税规避对企业价值是否真的有促进作用。这两方面的研究取得了较为一致的结论：首先，所得税规避会恶化企业的信息环境，加剧企业的信息不对称程度；其次，所得税规避并不一定会提升企业价值，甚至有可能损害企业价值。对于第一方面的研究，因为企业的信息质量这一话题不如第二个话题的范围广，现有的研究也都达成了较为一致的共识。而且，基于中国上市公司的实证研究也有类似发现。因此，从所得税规避影响企业信息质量这一角度继续展开研究的难度较大，可能的创新也较少。然而，对于第二类研究，我们知道，市场价值是衡量企业产出的一个终端变量，并非任何因素都是直接对企业价值产生影响的，而是通过许多中介的传导机制。举个例子，自愿信息披露会提升企业价值，这一结果的产生是因为自愿信息披露会降低资本成本。也就是说，资本成本是影响企业价值的中介变量。探讨这些中介传导机制更加有助于帮助我们理解事物发生作用的途径和根本原因。但是，我们对于所得税规避影响企业价值的中介传导机制知之甚少。除 Donohoe and Knechel（2013）发现所得税规避会提高企业的审计支出之外，相关的研究还很少。因此，我认为研究所得税规避影响企业价值的中介传导机制不失为一个不错的选题。

具体而言，我选择了代理成本这一中介传导机制。之所以从这一视角出发，原因如下：首先，代理成本无处不在，无时不在，是影响企业经营效率和产出的重要原因。其次，代理成本分为两类：第一类代理成本和第二类代理成本。第一类代理成本反映了股东和经理人之间的关系，第二类代理成本则反映了大股东和小股东之间的关系。因此，代理成本囊括了企业最重要的三个利益相关体：经理人、大股东和小股东。这不仅符合中国企业的现实，也符合公司治理相关学术研究的理论发展脉络（Jensen and Meckling，1976；Shleifer and Vishny，1986）。最后，实证研究的迅猛发展使得我们可以借鉴前人的成果，很好地对这两类代理成本进行度量。这使得我们的研究具备了实证基础。基于上述几点原因，我选择了代理成本这一切入点，研究所得税规避对企业价值的影响路径。

具体到实际的研究命题，我拟定了三个：（1）所得税规避对权益代理成本的影响（即第一类代理成本）；（2）所得税规避对大股东掏空的影响（即第二类代理成本）；（3）所得税规避对投资效率的影响。之所以加入投资效率的研究，是考虑到投资是影响企业价值的最重要的几大活动之一[①]，对所得税规避如何影响投资效率展开研究具有空前的重要性。而且，投资活动既会受到经理人和股东之间代理冲突的影响，又会受到大股东和小股东之间代理冲突的影响。因此，投资效率可以综合体现企业的第

47

---

① 企业价值是企业当期投资活动所能产生的未来净现金流的折现，由此可见投资活动对企业价值的重要性。

一类代理成本和第二类代理成本。

综合来看，在理论分析和文献综述的基础上，我提出了四个待检验的研究命题。下面将给出这四个研究命题的逻辑关系图及相关说明。

3.4.2 实证命题的逻辑关系

图3-1展示了各实证命题之间的逻辑关系，其分为两个部分：上半部分为所得税规避如何影响代理成本，下半部分则是公司治理对所得税规避的影响。图3-1中的序号正是下面内容的研究顺序。

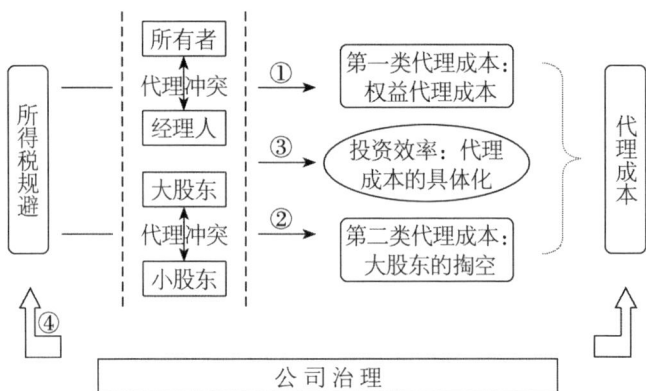

图3-1 实证命题的逻辑关系

图3-1的上半部分显示，所得税规避主要通过代理冲突对代理成本产生影响。代理冲突的不同，使得所得税规避所引发的代理成本也会不同。下半部分显示，公司治理会对所得税规避产生影响。那么，一个非常重要的问题就是：上半部分与下半部分如何联系起来呢？换句话说，所得税规避对代理成本的影响，与公司治理对所得税规避的影响，是如何在本书中得到统一的呢？

我认为，下半部分内容是对上半部分内容的再验证。一方面，所得税规避的代理理论认为，所得税规避会引发代理成本（这也是图3-1中的上半部分所需要验证的），好的公司治理应该会抑制企业的所得税规避行为。另一方面，公司治理的相关理论认为，好的公司治理会抑制经理人和大股东的机会主义行为，从而使经理人和大股东的利益与企业一致。按照传统的所得税规避理论，此时，为了企业价值的最大化，这类公司应该会更多地从事所得税规避活动。因此，好的公司治理应该会促进企业的所得税规避。

　　那么，这两种理论到底谁更具解释力呢？如果实证结论支持"好的公司治理会抑制企业的所得税规避"这一论断，那么这将是对上半部分内容的一个有力支撑。如果实证结论支持"好的公司治理会促进企业的所得税规避"这一论断，那说明所得税规避的代理理论仅能部分解释企业的税收行为，传统的所得税规避理论可能更具解释力。因此，我认为，下半部分内容的存在非常有必要，它可以使本书的论证更加完整。

　　综合来看，这四个实证命题的选取既满足了内容的重要性和创新性，又满足了内容整体的统一性和连贯性。

第 4 章

所得税规避与权益代理成本

4.1 ———————— 理论分析与研究假说 ————————

　　投资者将资金投入企业，但是并不对这一资金行使管理，此时，代理问题产生（Fama and Jensen，1983）。投资者希望管理者在预期回报大于预期成本时决定企业投资项目的开展或放弃。然而，资金的管理者则是基于其个人的私有收益和成本来进行投资决策的。管理者有动机作出损害投资者利益，但是却对自身有利的决定。例如，将资金用于收益具有高度不确定性的并购活动、支付超额薪酬、开展不利于投资者的经营活动。从上面的例子可以看出，代理问题会导致代理成本的产生。然而，这是必然的吗？其实并不一定。一方面，如果委托人能够对代理人进行恰当的激励，使得代理人和委托人的利益达到完全一致，那么代理人将会按照委托人的利益行事，代理成本也将随之消失；另一方面，如果委托人能够掌握充足的信息，从而对代理人的努力程度、投资机会有非常清楚的了解，并对不称职的代理人予以及时更换，那么代理人的机会主义行为将会最大程度地被限制住，此时，代理成本也会降低。

　　可见，在企业所有权与经营权分离的情况下，对代理人的激励和信息不对称是影响代理成本的重要原因（Jensen and Meckling，1976）。从而，对代理人进行有效的激励和消除信息不对称是企业降低代理成本的重要手段。这一观点也被现代公司财务理论广泛证实。下面，我先就代理成本的内涵进行阐述，之后介绍管理层激励和信息不对称影响代理成本的相关证据，最后提出本章的研究假说。

Jensen and Meckling（1976）认为，代理成本由三部分组成：委托人的监督成本、代理人的担保成本和剩余损失。顾名思义，委托人的监督成本是指委托人为了保证代理人不偷懒、不损害其利益，对代理人进行必要的监督而发生的成本。这包括委托人设立的一系列监督机制，如董事会和监事会。因为董事会和监事会的日常活动需要经费支出，因此监督成本也就构成了代理成本的一部分。代理人的担保成本则是指代理人为了使委托人相信自己在勤勉工作，而实施自我约束所发生的成本。例如，代理人聘请会计师事务所对财务报表进行审计的费用，经理人对企业的销售收款、采购付款、投资、贷款、担保等业务设立相应控制流程以及实施相应控制程序的成本（李寿喜，2007）。剩余损失则是指两种收益之间的差异。这两种收益分别是指代理人的决策所产生的收益和那些最大化委托人财富的决策所产生的收益。剩余损失包括显性损失和隐性损失。显性损失主要是指在职消费，而隐性损失则是指因为经理人的偷懒而使得企业效率下降所造成的价值损失。大量的学者对导致企业代理成本增加的原因展开了实证研究。他们发现，对管理层的激励不足和企业的信息不对称是两个重要的原因。从而，加大对管理层的激励和降低企业的信息不对称可以有效降低企业的代理成本。具体而言：

Jensen and Murphy（1990a，1990b）发现，管理层薪酬合约的合理设计可以降低代理成本，但就那时的情况来看，其作用还很有限。此外，相比现金薪酬，股权激励所起的作用更大。然而，在作者的研究期间内，经理层持股的数量相对较小，这抑制了其作用的发挥。Ang et al.（2000）则发现，由外部人管理企业时，代理成本更高。这是因为外部人与所有者的利益存在不一致。此外，他们还发现，管理层的持股比例与代理成本显著负相关。这强有力地说明对管理层进行激励可以有效地降低代理成本。基于中国上市公司的研究也有很多。早期的研究发现，对经理人的薪酬激励与企业的业绩并不相关，而是与企业规模高度相关（魏刚，2000；李增泉，2000）。Firth et al.（2006）则发现，在民营企业，高管薪酬与股东财富是存在相关性的。随后的研究在对样本进行拓展之后发现，高管薪酬开始与企业业绩显著相关（张俊瑞等，2003；杜兴强和王丽华，2007）。也有研究直接考察了高管激励对代理成本的影响。黄志忠和白云霞（2008）发现，在私营企业，管理者持股有利于降低代理成本。陈建林（2010）采用家族企业的数据，同样发现高管薪酬和高管持股都可以降低代理成本。

那么，信息不对称又是如何影响企业的代理成本的呢？Healy and Palepu（2001）在其关于信息披露的综述性文章中指出，降低代理成本的方式有5种：契约、信息披露、公司治理、信息中介和控制权之争。可以看出，这5种方式中有两种与信息相关，这凸显出降低信息不对称程度对抑制代理成本的重要作用。事实上，许多公司治理机制都是意在通过缓解信息不对称来降低代理成本。例如，外部审计师的聘用和证券分析师的存在。

当然，也有研究直接考察了信息披露对代理成本的影响。杜兴强和周泽将（2009）采用深交所的信息披露质量数据，在控制自选择偏差之后，发现信息不对称程度越高的公司，其代理成本也越高。杨德明等（2009）和杨玉凤等（2010）都发现，公司内部控制信息披露质量越高，代理成本越低。杨棉之和卢闯（2011）也发现，盈余质量高的上市公司，经理人代理成本较低。因此，信息不对称是代理成本的重要影响因素这一结论，已被大量的实证研究所证实。

既然在所有权与经营权分离的情况下，对代理人的激励不足和信息不对称是引发代理成本的重要原因，那么企业的所得税规避行为是如何通过这两种途径影响企业代理成本的呢？现有的文献发现，企业的所得税规避活动会扭曲企业的激励设计，并加剧公司内外部的信息不对称程度，因此所得税规避活动应该会显著增加企业的代理成本。

首先，所得税规避活动会扭曲企业的激励设计，造成激励不足。Chen and Chu（2005）首次将企业的所得税规避问题引入标准的委托代理模型（Holmstrom，1979）。经过理论推导，他们发现，企业的所得税规避行为会扭曲企业的激励契约，造成内部激励失效。原因有三：其一，由于企业的所得税规避活动往往具有不合法性质且存在一定的风险，企业的所有者在要求代理人进行所得税规避时，代理人会要求对这一风险活动在薪酬契约中进行补偿。这使得企业的薪酬契约会扮演双重角色：奖励代理人的努力和补偿他所承担的避税风险。就 Holmstrom（1979）看来，这种契约并非最优的，而且，在委托人信息劣势的情况下，代理人是否如实开展了税收规避活动，委托人也不得而知。即使委托人发现代理人并未按照契约所承诺的那样采取所得税规避而将其诉诸法律，建立在这种非法活动上的契约也不会被法院所受理。因此，所得税规避活动会扭曲激励契约。其二，为了进行所得税规避，企业往往需要高报成本和低报收入，一旦这种高报成本和低报收入的权力被指定给了经理人，经理人可能会滥用这种权力。这势必会降低成本和收入信息的价值，从而进一步降低激励的有效性。其三，为了规避税务部门的审查，所有者会将企业的信息模糊化，而这些信息往往又被用来考核经理人。无疑，这些模糊化信息的价值会大打折扣，这同样降低了激励的有效性。

因此，综合上述几点原因，企业的所得税规避活动会降低激励契约的有效性，造成激励不足。Barile（2012）采用实验的方法进一步佐证了 Chen and Chu（2005）的结论。他发现，虽然一般而言，对代理人的高激励会引导其高付出，但是当在分析框架中引入所得税规避之后，代理人会表现出机会主义行为，从而会不那么愿意为公司财富的增长而付出努力。可见，所得税规避活动会造成激励不足，这又会进一步增加企业的代理成本。

其次，企业的所得税规避行为会加剧公司内外部的信息不对称程度。这是因为，企业的所得税规避行为存在被税务部门检查和处罚的风险。为了规避税务部门的检查，企业的所得税规避活动往往需要构造非常复杂的交易活动。这些复杂的交易活动虽然会帮助企业成功实现所得税规避的目标，但是也会提高企业的信息不对称程度。而且，当投资者试图了解企业这些复杂交易活动的真实情况时，经理人可以以所得税规避行为需要保密为由，不向投资者公开有关交易细节。那么，实证研究是否对这一观点予以支撑呢？

Chen et al.（2011a）考察了企业的所得税规避和信息透明度之间的关系。他们使用买卖价差、股票换手率、分析师跟踪人数以及分析师预测精度这四个指标衡量企业的信息透明度，均发现企业的所得税规避程度越高，信息透明度越低。Balakrishnan et al.（2012）展开了类似的研究。他们使用了分析师预测精度、分析师预测的分散度、买卖价差以及应计质量这四个指标衡量信息透明度，同样发现企业的所得税规避活动降低了信息透明度。但是，他们还发现，所得税规避程度越高的企业，为了降低外部投资者的担忧，会更多披露与企业税收问题相关的信息。吕伟等（2011）基于中国上市公司的数据发现，企业的所得税规避活动增加了股票价格的同步性。这说明企业的税收规避行为干扰了市场对企业信息的理解。这些证据非常直接地验证了上述理论预期：所得税规避活动会降低企业的信息透明度。

还有若干研究从侧面印证了这一观点。Kim et al.（2011）发现，所得税规避活动还会导致企业的股价在未来更有可能发生暴跌，他们将其归因于经理人利用所得税规避行为掩盖负面消息，从而使得股价长期被高估，一直到最后东窗事发，股价暴跌。Desai et al.（2007）以俄罗斯为研究对象发现，俄罗斯石油企业的内部人通过所得税规避活动所导致的信息不对称，对企业财富进行了大量的掏空和转移。

综上所述，企业的所得税规避活动不仅会降低经理人激励契约的有效性，还会加剧企业的信息不对称程度，从而妨碍对经理人的有效监督和激励，导致权益代理成本上升。为此，我们提出了本章的研究假说：在其他条件不变的情况下，企业的所得税规避程度越高，权益代理成本就越高。

4.2   研究设计

4.2.1   实证模型

本书的理论分析表明，所得税规避活动会增加企业的权益代理成本。然而，已有的文献表明，代理问题也会影响企业的税收规避行为。如Desai and Dharmapala（2006）发现，对经理人的激励可以有效降低企业的所得税规避水平；Chen et al.（2010）发现，代理冲突严重的家族企业，为了防止声誉损失，会更少开展所得税规避活动；此外，吕伟（2011）的案例研究发现，代理成本会对大股东选择何种纳税筹划方案造成影响；吴祖光等（2011）的实证研究则发现，代理成本越高，企业的税收规避程度越低。可见，所得税规避和代理成本之间存在着互为因果的关系。基于此，我们构建了一个代理成本和企业所得税规避的联立方程模型来检验所得税规避对代理成本的影响。Rego and Wilson（2012）在研究高管的权益风险激励对所得税规避的影响时，也采用了联立方程模型。因此，这一方法也得到了主流文献的认可。具体而言，联立方程模型如下：

$$AC_{i,t}=\alpha_0+\alpha_1TA_{i,t}+\alpha_2SIZE_{i,t}+\alpha_3ROA_{i,t}+\alpha_4LEV_{i,t}+\alpha_5MB_{i,t}+\alpha_6TOP1_{i,t}+$$

$$\alpha_7TOP1\_SQ_{i,t}+\alpha_8STATE_{i,t}+\alpha_9OUTRATIO_{i,t}+\alpha_{10}LNBSIZE_{i,t}+$$

$$\alpha_{11}LNPAY_{i,t}+\alpha_{12}DUAL_{i,t}+\alpha_{13}FCF_{i,t}+\alpha_{14}AGE_{i,t}+YEAR+INDUSTRY+\varepsilon_1 \quad (4-1)$$

$$TA_{i,t}=\beta_0+\beta_1AC_{i,t}+\beta_2SIZE_{i,t}+\beta_3ROA_{i,t}+\beta_4LEV_{i,t}+\beta_5MB_{i,t}+\beta_6STATE_{i,t}+$$

$$\beta_7PPE_{i,t}+\beta_8INTANG_{i,t}+\beta_9EQINC_{i,t}+\beta_{10}INVENT_{i,t}+\beta_{11}LOSS_{i,t}+$$

$$YEAR+INDUSTRY+\varepsilon_2 \quad (4-2)$$

为了检验本书的研究假说，我们采用三阶段最小二乘法（3SLS）对上述联立方程模型进行估计[①]。在模型估计过程中，我们主要关注α_1的符号及其显著性。如果α_1显著为正，则说明企业的所得税规避程度越高，代理成本也就越高。

4.2.2　变量定义

1.代理成本（AC）

借鉴 Ang et al.（2000），我们主要采用两个指标对企业的权益代理成本进行衡量。第一个指标是管理费用率（EXPENSE），即管理费用占营业总收入的比重。它主要用来反映经理人由于过度在职消费所引起的资源浪费。这一指标越大，代理成本越高。第二个指标是资产周转率（TURNOVER），即营业总收入占总资产的比重。它主要用来反映管理层在经营过程中是否存在低效率决策、不当投资或者偷懒等情况。这一指标越小，管理效率越低，从而代理成本就越高。这两个指标也被大量的国内学者借鉴和使用（李寿喜，2007；罗炜和朱春艳，2010）。

---

① 采用两阶段最小二乘法的结果同样支持本章的研究假说。

2.所得税规避程度（TA）

我们采用四种方法来衡量企业的所得税规避程度（TA）。这四种衡量方法广泛运用于当前关于企业避税的文献中（Hanoln and Heitzman，2010）。

在文献综述部分我们阐述道，所得税规避的衡量指标一般分为两大类：一类是企业的实际所得税税率及其变体，另一类则是企业的会计-税收差异及其变体。使用实际所得税税率来衡量企业所得税规避程度的方法较为古老，而使用会计-税收差异来衡量所得税规避的方法则归因于会计准则与所得税法的逐步分离，导致企业可能利用会计-税收差异来规避所得税成本。为了保持结果的稳健，我们使用了上述两类方法来衡量企业的所得税规避程度，并结合中国的具体实际进行了适当的调整。

具体而言，对于第一类所得税规避指标，国外的文献大都直接采用实际所得税税率来刻画企业的所得税规避程度，当企业的实际所得税税率越低时，所得税规避程度越高。然而，我们认为，在中国运用这一方法存在问题。这主要是因为与国外的税收政策不同，中国的上市公司享受着广泛的税收优惠，从而各公司的名义所得税税率不尽相同（吴联生，2009）。而且，2008年的所得税改革也使得我国的基准所得税税率发生了变化，如果直接采用当期所得税费用/税前总利润的方法来衡量实际所得税税率，会造成公司间横向和纵向的不可比。为了使这一指标更加符合中国的现实情况，我们在计算实际所得税税率时，将公司的名义所得税税率也考虑进去。具体而言，我们使用名义所得税税率减去实际所得税税率来衡量企业的所得税规避程度，命名为RATE_DIFF。这样不仅使得各公司的所得税规避程度有很好的可比性，也可以保证数值越大，所得税规避程度越高。此外，Dyreng et al.（2008）认为，因为存在税收返还以及企业和税收征管部门的税务纠纷可能会持续好几年，所以仅仅使用当期的实际所得税税率来衡量企业所得税规避程度是不恰当的。因此，他们提出使用多期实际所得税税率的平均值来刻画企业所得税规避程度。借鉴这一思想，我们也采用了"名义所得税税率与实际所得税税率之差"的5年（t-4—t年）平均值来衡量企业的所得税规避程度，我们将其命名为LRATE_DIFF，这种方法也被 Kim et al.（2011）和 Donohoe and Knechel

（2013）等文献采用。

对于第二类所得税规避指标，我们首先采用会计−税收差异（BTD）来刻画企业的所得税规避程度。BTD=（税前会计利润−应纳税所得额）÷期末总资产。应纳税所得额=（所得税费用−递延所得税费用）÷名义所得税税率。此外，借鉴Desai and Dharmapala（2006，2009）的方法，我们进一步使用扣除应计利润影响之后的会计−税收差异（DDBTD）来刻画企业的所得税规避程度。具体而言，我们通过下列模型来求得DDBTD：

$$BTD_{i,t}=\alpha TACC_{i,t}+\mu_i+\xi_{i,t} \tag{4-3}$$

TACC为总应计利润，等于（净利润−经营活动产生的净现金流）÷总资产。μ_i表示公司i在样本期间内残差的平均值，$\xi_{i,t}$表示第t年度残差与公司平均残差μ_i的偏离度。DDBTD=$\mu_i+\xi_{i,t}$，代表BTD中不能被应计利润解释的那一部分。

然而，采用会计−税收差异及其变体来刻画企业所得税规避的方法是否在中国适用呢？我们有以下几点理由相信这一方法在中国是适用的。首先，Chan et al.（2010）发现，中国上市公司的会计−税收差异与其被税务部门出具的税务审计调整额（tax audit adjustments）显著正相关。也就是说，会计−税收差异被作为中国税务部门判断企业是否存在所得税规避嫌疑的一个重要指标。这一结果有力地说明，采用会计−税收差异来衡量中国上市公司所得税规避的可能性程度是合适的。其次，Tang and Firth（2011）发现，相比美国的会计准则，中国的以纳税影响会计法核算所得税的方法所计算出来的企业的会计−税收差异更准确，从而采用会计−税收差异来刻画企业所得税规避程度也更合适。可见，这一方法在中国不仅是适用的，且比美国更优。

上面所阐述的四种所得税规避指标现已被广泛运用于国内外关于企业所得税规避的文献中（Chen et al.，2010；Hanoln and Heitzman，2010；Kim et al.，2011；吕伟等，2011；彭韶兵和王伟，2011），这表明这些指标具有较高的效度。

3.代理成本模型的控制变量

由于影响管理费用和资产周转率的因素较多，并非所有的高管理费用和低资产周转率都是源于管理层的自利行为，因此，为了更好地分离出所得税规避对权益代理成本的影响，我们需要控制其他有可能影响管理费用和资产周转率的因素。借鉴前人的研究成果（金雪军和张学勇，2005；李寿喜，2007；姜付秀等，2009；Ang et al.，2000；Jensen and Meckling，1976；Jensen，1986），我们加入了股权结构、公司治理状况、负债水平、自由现金流以及公司的基本特征等控制变量。具体的变量定义如下：

SIZE 为企业规模，用营业收入的自然对数表示。按照规模经济的解释，企业的规模越大，代理成本越低（Ang et al.，2000）。ROA 为业绩水平，用总资产净利润率表示。LEV 为负债水平，用期末总负债除以期末总资产表示。Jensen（1986）认为，债权人的监督可以有效降低经理人的代理成本。因此，我们预测企业的负债水平越高，代理成本越低。MB 为成长性，用期末市场价值除以账面价值表示。一方面，高成长的企业面临着较多的投资决策，这使得经理人可能为了自身的利益而不去投资那些对股东最有利的项目，从而增加代理成本；另一方面，高成长的企业面临更高的市场关注度，且需要不断地进行外部融资，从而外部监督力量强大，这可以降低经理人的代理成本。因此，我们没有对成长性与代理成本的关系作出预测。TOP1 为第一大股东的持股比例；TOP1_SQ 为第一大股东持股比例的平方。因为，第一大股东对企业的影响存在掏空和支持两种效应，因此，大股东对经理人的监督和控制也可能并非通常的线性关系。基于此，我们加入了第一大股东持股比例的平方。STATE 为产权性质，当公司的第一大股东为国有时，取 1，否则为 0。李寿喜（2007）发现，相比非国有企业，国有企业存在更高的权益代理成本。OUTRATIO 为独立董事人数占董事总人数的比重。独立董事的比重越高，经理人面临的监督越强，从而独立董事可降低权益代理成本。LNBSIZE 为董事会规模，用董事会总人数的自然对数表示。董事会的规模越大，董事之间的制衡度越强，从而可以有效降低代理成本。LNPAY 为货币薪酬激励，用前三名高管平均薪酬的自然对数表示。按照 Murphy（1986）的理论预测，对高管层的薪酬激励可以有效降低代理问题，因此高管薪酬与代理成本之间可能呈现出负相关关系。DUAL 为董事长和总经理的兼任情况，当公司的董事长和总经理为同一人时，取 1，否则为 0。因为两职合一会破坏企业的公司治理结构，所以两职合一公司的代理成本会更高。FCF 为自由现金流，等于（净利润+利息费用+非现金支出−营运资本追加−资本性支出）÷期末总资产。按照Jensen（1986）的预期，自由现金流会带来经理人的代理问题，因此，自由现金流越多，代理成本越高。AGE为企业年龄。一般认为，成立时间越长的企业，越容易产生代理问题。因为，这类企业往往拥有充裕的现金流，但缺少可投资的项目，从而代理成本会更高。

4.所得税规避模型的控制变量

为了确保联立模型可解，我们同样需要在所得税规避模型中加入有关外生解释变量。借鉴Chen et al.（2010），我们加入了公司规模（SIZE）、业绩水平（ROA）、负债率（LEV）、公司的成长性（MB）以及产权性质（STATE）。Zimmerman（1983）认为，大公司面临着更高的政治成本，会较多受到社会公众和政府的关注，以致大公司更不可能参与税收规避活动。这导致其所得税成本会较高，以致我们预期SIZE的系数符号为正。因为利息具有抵税作用，所以负债率越高的企业，其所得税税负会越低。因此，我们预期LEV的系数符号为负。成长性越高的企业，可能会大量投资于享受税收优惠的项目，这将导致MB的系数符号为负。国有企业与政府天然的关系，以及国有企业更不容易陷入融资约束，导致国有企业可能更不会避税，所以我们预期STATE的系数符号为负。

此外，我们还控制了如下可能影响企业所得税规避程度、但是理论上并不会对代理成本有显著影响的变量：（1）公司资本密集度（PPE）。它等于公司期末固定资产占期末总资产的比重。公司资本密集度越高，将有更多的空间采用不同的固定资产折旧方法等，所以这类公司更可能有较低的所得税成本。因此，我们预期PPE的系数符号为正。（2）无形资产比例（INTANG）。它等于期末无形资产除以期末总资产。无形资产越多的企业，研发支出可能越多，因为研发支出具有抵税作用，我们预测INTANG的系数符号为正。由于公司投资收益往往已经在被投资公司处缴纳所得税，因此投资收益往往不需要再缴税，即投资收益越高，企业实际所得税税率越低。（3）投资收益变量（EQINC）。其计算方法为公司年末投资收益除以年末总资产。我们预测EQINC的系数符号为正。（4）存货密集度（INVENT）。它等于年末存货净值占总资产的比重。（5）上年亏损变量（LOSS）。由于上年亏损可以抵免当年税前利润，所以我们加入了该变量。当公司上一年度的净利润小于0时，LOSS取1，否则为0。我们预测LOSS的系数符号为正。

最后，我们还分别在模型（1）和（2）中加入了年度（YEAR）和行业（INDUSTRY）虚拟变量来控制年度和行业效应。

4.3　样本选择与描述性统计

4.3.1　样本选择

本章的样本区间为1999年至2011年。之所以选择1999年作为研究起点，主要是考虑到本书在计算所得税规避指标LRATE_DIFF时，需要用到样本公司第t−4年至第t年的数据。所以，所得税规避指标的计算数据需要延伸至1995年。在1994年，我国进行了"分税制"改革，将企业的基准所得税税率确定为33%。这次税收改革是新中国成立以来最大的一次，它使得我国的税收征管环境也发生了巨大变化。因此，最终将1999年确定为研究起点。与Rego and Wilson（2012）一致，我们剔除了税前利润小于0的样本，因为这部分样本会使得所得税规避程度指标的计算出现偏误。我们还进一步剔除了金融行业和数据缺失的样本。此外，因为所得税规避指标LRATE_DIFF的计算需要跨度为5年的数据，这会损失大量样本，因此，在实际计算过程中，当上市公司没有持续5年的数据时，我们要求上市公司至少有持续3年的数据。

最后，因为我们分别使用了多种替代变量来分别刻画企业的代理成本和所得税规避程度，为了保证我们研究结论能够有较大的普适性，我们在回归过程中所使用的观测值数量将取决于具体使用的研究指标，这导致不同回归模型的样本量有略微差异。为了排除异常值对结果可能产生的影响，我们对模型中的连续变量分别在1%和99%的水平上进行了缩尾处理。

4.3.2　描述性统计

表4−1列示了本章所有变量的描述性统计结果。EXPENSE的平均值为0.09，这表明平均而言，上市公司管理费用占营业收入的比例约为

9%。资产周转率TURNOVER的平均值为0.68，这表明每1元资产能创造0.68元的营业收入。管理费用率和资产周转率的标准差分别为0.07和0.49，这表明各公司间管理效率的差异较大。RATE_DIFF的平均值和中位数均为正，这说明大部分上市公司都没有进行所得税规避。这可能源于我们在样本筛选过程中剔除了税前利润小于0的样本，从而使得整体的所得税规避程度被低估了。但是，LRATE_DIFF的平均值和中位数都为正，这说明长期来看，大部分上市公司的实际所得税税率都低于名义所得税税率，企业的所得税规避行为可能是一种普遍现象。此外，BTD和DDBTD的平均值也都大于0。

表4-1   描述性统计

变量名称	观测值	平均值	标准差	中位数
EXPENSE	12 117	0.0870	0.0693	0.0704
TURNOVER	12 117	0.6786	0.4855	0.5578
RATE_DIFF	12 117	−0.0220	0.2604	−0.0011
LRATE_DIFF	9 772	0.0031	0.1972	0.0051
BTD	12 117	0.0030	0.0558	−0.0003
DDBTD	12 117	0.0100	0.0534	0.0102
SIZE	12 117	20.8774	1.4371	20.7984
ROA	12 117	0.0474	0.0402	0.0379
LEV	12 117	0.4742	0.1959	0.4822
MB	12 117	1.6741	1.0014	1.3322
TOP1	12 117	0.3906	0.1632	0.3725
STATE	12 117	0.6482	0.4776	1.0000
OUTRATIO	12 117	0.3202	0.1104	0.3333
LNBSIZE	12 117	2.2149	0.2168	2.1972
LNPAY	12 117	13.3484	0.9401	13.4299
DUAL	12 117	0.1510	0.3581	0.0000
FCF	12 117	0.0435	0.1662	0.0653
AGE	12 117	11.7246	4.6062	11.0000
PPE	12 117	0.2765	0.1818	0.2455
INTANG	12 117	0.0397	0.0497	0.0240
INVENT	12 117	0.1682	0.1496	0.1321
EQINC	12 117	0.0075	0.0184	0.0009
LOSS	12 117	0.0762	0.2653	0.0000

在其他变量的描述性统计结果中，ROA 的平均值为 0.047，标准差为 0.04，这说明各公司间业绩差异较大。LEV 的均值为 0.39，这说明样本公司的总资产将近一半来自于负债。TOP1 的平均值达到了 0.39，这反映出我国上市公司高股权集中度的现实。STATE 的平均值为 0.65，这说明一半以上样本公司为国有企业。独立董事比重（OUTRATIO）的平均值为 0.32，这表明独立董事占董事会比例约为 1/3。DUAL 的平均值为 0.15，这说明我国大部分上市公司已经实现了董事长和总经理的两职分离。上市公司的平均年龄约为 12 年。PPE 的平均值为 0.28，这说明上市公司固定资产占总资产的比重约为 28%。INTANG 的平均值则为 0.04，这一比例说明我国上市公司所拥有无形资产的比重非常低。EQINC 的平均值表明，我国上市公司的投资收益占总资产的比重不到 1%。LOSS 的平均值为 0.08，这说明上一年亏损的企业占到了总样本的 8%。

表 4-2 列示了部分变量的相关系数。考虑到研究中所涉及的变量众多，因此，我们只是在表 4-2 中列示了代理成本和所得税规避度量指标的相关系数。表 4-2 的结果显示，所有相关系数的符号都与研究假说的预期一致，且绝大部分系数都在 5% 的置信水平显著。这初步印证了本章的研究假说。

表 4-2　　　　　　　　　　　　**相关系数表**

变量名称	EXPENSE	TURNOVER	RATE_DIFF	LRATE_DIFF	BTD	DDBTD
EXPENSE	—	−0.4799	0.0321	0.0291	0.0258	0.0112
TURNOVER	−0.4144	—	−0.0521	−0.0663	−0.0579	−0.0095
RATE_DIFF	0.0058	−0.0271	—	0.5668	0.9012	0.7571
LRATE_DIFF	0.0442	−0.0588	0.4746	—	0.5135	0.4357
BTD	0.0815	−0.0336	0.5798	0.3055	—	0.8532
DDBTD	0.0518	−0.0073	0.5607	0.2885	0.9257	—

注：下三角部分为 Pearson 相关系数，上三角部分为 Spearman 相关系数；加粗的数字表示相关系数在 5% 及以下的置信水平显著。

4.4 ——————— 实证检验结果与分析 ———————

4.4.1 基本回归结果

表4-3列示了以RATE_DIFF和LRATE_DIFF作为所得税规避度量指标的实证检验结果。表格的上半部分为代理成本模型的回归结果,下半部分为所得税规避模型的回归结果。我们主要关注代理成本模型的回归结果。结果显示,当因变量为EXPENSE时,RATE_DIFF和LRATE_DIFF的回归系数均在1%的置信水平显著为正,这说明所得税规避程度越高,代理成本越高。当因变量为TURNOVER时,RATE_DIFF和LRATE_DIFF的回归系数则均在1%的置信水平显著为负,这说明所得税规避程度越高,代理效率越低。

表4-3 **所得税规避对权益代理成本的影响(1)**

因变量→ 自变量↓	EXPENSE		TURNOVER		EXPENSE		TURNOVER	
	系数	t值	系数	t值	系数	t值	系数	t值
RATE_DIFF	0.5274***	8.16	−1.5326***	−6.57	—	—	—	—
LRATE_DIFF	—	—	—	—	0.4588***	10.33	−0.8440***	−4.94
SIZE	−0.0295***	−22.58	0.1986***	42.15	−0.0303***	−28.37	0.2099***	50.68
ROA	−0.8113***	−7.44	3.1308***	7.95	−0.2428***	−5.93	1.2239***	7.76
LEV	0.0048	0.62	0.1023***	3.62	0.0044	0.69	0.1164***	4.77
MB	0.0110***	5.67	0.0718***	10.28	0.0057***	3.97	0.0948***	17.21
TOP1	−0.1206***	−5.92	0.4124***	3.96	−0.1027***	−5.34	0.4313***	3.77
TOP1_SQ	0.1620***	6.48	−0.5516***	−4.51	0.1410***	6.10	−0.5979***	−4.49
STATE	0.0148***	4.85	−0.0213*	−1.91	0.0120***	4.84	0.0062	0.64
OUTRATIO	0.0284***	2.76	−0.2510***	−3.98	0.0232**	2.11	−0.2824***	−3.98
LNBSIZE	0.0207***	5.75	−0.1442***	−7.20	0.0245***	6.84	−0.1601***	−8.04
LNPAY	0.0144***	8.08	−0.0428***	−6.63	0.0133***	9.34	−0.0451***	−7.17
DUAL	0.0036**	2.11	0.0198**	1.99	0.0038*	1.86	0.0195	1.59
FCF	−0.0081**	−2.13	0.0583***	2.63	−0.0064	−1.54	0.0186	0.70
AGE	0.0004**	2.23	−0.0002	−0.20	0.0003	1.50	0.0021*	1.73

因变量→	RATE_DIFF		RATE_DIFF		LRATE_DIFF		LRATE_DIFF	
自变量↓	系数	t值	系数	t值	系数	t值	系数	t值
EXPENSE	−0.2948	−1.29	—	—	−0.2228	−1.15	—	—
TURNOVER	—	—	0.0238	0.46	—	—	0.0624	1.49
SIZE	−0.0123*	−1.89	−0.0111	−1.09	−0.0112*	−1.95	−0.0180**	−2.12
ROA	1.5021***	21.89	1.4789***	19.02	0.5088***	8.67	0.4504***	6.83
LEV	0.0283**	2.01	0.0262*	1.83	0.0298**	2.41	0.0209	1.63
MB	−0.0126***	−3.87	−0.0153***	−2.72	−0.0060**	−2.19	−0.0126**	−2.58
STATE	−0.0064	−1.08	−0.0101*	−1.87	−0.0071	−1.44	−0.0099**	−2.12
PPE	0.0376***	3.80	0.1088***	6.21	0.0315***	3.51	0.0557***	3.25
INTANG	0.1550***	5.43	0.0438	1.18	0.1525***	5.36	0.0309	0.76
INVENT	−0.1166***	−6.53	−0.0659***	−3.71	−0.1191***	−7.52	−0.0952***	−5.23
EQINC	0.7970***	6.48	0.7463***	5.79	0.8696***	7.87	0.9433***	7.81
LOSS	0.0251***	4.71	−0.0034	−0.46	0.0319***	5.88	0.0270***	3.55
N	12 117		12 117		9 772		9 772	

注：***、**和*分别表示回归系数在1%、5%和10%水平显著。为了简便，我们未报告截距项、年度虚拟变量和行业虚拟变量的回归结果。

那么，所得税规避对代理成本的影响程度到底有多大呢？以RATE_DIFF为例，当因变量为EXPENSE时，RATE_DIFF的回归系数为0.53。这表明，企业的所得税规避程度每增加1单位（即名义所得税税率与实际所得税税率之差每上升1个百分点），将导致管理费用率（EXPENSE）上升0.53个单位（即管理费用占营业收入的比重增加0.53个百分点），这相当于平均管理费用率的6%（0.53/8.7）。当因变量为TURNOVER时，RATE_DIFF的回归系数为−1.53。这表明，企业的所得税规避程度每增加1单位，将导致资产周转率（TURNOVER）下降1.53个单位，这相当于平均资产周转率的2.3%（1.53/67.86）。因此，不论从统计意义，还是从经济意义来看，表4-3的回归结果都印证了本章的研究假说：在其他条件不变的情况下，企业的所得税规避程度越高，权益代理成本也越高。

另一方面，在表4-3下半部分的回归结果中，我们发现，管理费用率的回归系数均为负，资产周转率的回归系数均为正。这表明，企业的代理成本越高，所得税规避程度越低。但是，回归系数均不显著。因此，这部分的结果表明，企业的所得税规避行为会影响权益代理成本，但我们并未发现权益代理成本会影响到企业的所得税规避决策。

从控制变量来看，我们发现企业规模（SIZE）与管理费用率（EXPENSE）显著负相关，与资产周转率（TURNOVER）显著正相关，这说明大企业的代理成本更低，这符合规模经济的解释（Ang et al.，2000）。业绩水平（ROA）与代理成本显著负相关，这说明业绩越好的企业，代理成本越低。资产负债率（LEV）与代理成本的关系则较为复杂，虽然负债与资产周转率正相关，但与管理费用率不相关，这说明负债融资对权益代理成本的影响较不确定。这也与 Ang et al.（2000）的实证结果一致。第一大股东的持股比例（TOP1）与代理成本并非线性关系。企业的代理成本随着大股东持股比例的增加呈现出先下降后上升的过程。相比非国有企业，国有企业（STATE）的管理费用率较高，且资产周转率较低。这说明国有企业有着更高的代理成本，这与李寿喜（2007）的研究结论一致。独立董事的比重（OUTRATIO）与代理成本显著正相关，这与理论预期不一致。这可能是因为独立董事的比重是内生的，而我们并未在模型中控制独立董事比重的内生性。此外，董事会规模（LNBSIZE）的扩大提高了企业的代理成本①。对高管的薪酬激励并没有降低企业的代理成本，这一结果的形成原因与独立董事比重的结论可能一致。董事长和总经理的两职合一（DUAL）增加了管理费用，但是对资产周转率的影响不太确定。企业的自由现金流（FCF）越多，代理成本越低，代理效率越高，这与 Jensen（1986）的自由现金流会导致代理成本的理论预期不一致。这可能是因为，在我国的制度环境下，自由现金流更多的是缓解企业的融资约束，而并非引发代理成本。

我们同时还发现，企业规模（SIZE）越大，所得税规避程度越低，这与政治成本假说的理论预期一致。企业的业绩水平（ROA）越高，越可能进行所得税规避。负债提高了企业的所得税规避程度，这可能源于债务的税盾作用。相比非国有企业，国有企业更不可能进行

65

---

① 我们也在模型中加入了董事会规模的平方项。未报告的回归结果显示，董事会避与代理成本呈现U型关系。这说明董事会规模的扩大在初期可以提高董事的讨论效率，降低代理成本，但是规模扩张到一定程度之后，则会提高代理成本，损害企业效率。

所得税规避，这与吴联生（2009）、彭韶兵和王伟（2011）的研究结论一致。资本密集度、无形资产比重（INTANG）、投资收益（EQINC）和上一期亏损（LOSS）都显著降低了企业的所得税税负，这或许是由于研发支出、投资收益和上期亏损的抵税作用，以及资本密集度的提高使得企业更有可能采用多种折旧方法，从而规避所得税税负。此外，存货密集度的提高不利于企业采取所得税规避活动，这与吴联生（2009）的结论一致。

表4-4列示了以BTD和DDBTD作为所得税规避度量指标的实证检验结果。结果显示，当因变量为EXPENSE时，BTD和DDBTD的回归系数均在1%的置信水平显著为正，这说明所得税规避程度越高，代理成本也越高。当因变量为TURNOVER时，BTD和DDBTD的回归系数则均在1%的置信水平显著为负，这说明所得税规避程度越高，代理效率越低。表4-4的回归结果再一次印证了本章的研究假说。

66

表4-4 **所得税规避对权益代理成本的影响（2）**

因变量→	EXPENSE		TURNOVER		EXPENSE		TURNOVER	
自变量↓	系数	t值	系数	t值	系数	t值	系数	t值
BTD	1.0566***	13.53	−2.3814***	−6.21	—	—	—	—
DDBTD	—	—	—	—	1.0575***	14.26	−2.9878***	−7.95
SIZE	−0.0276***	−35.89	0.1973***	52.02	−0.0304***	−43.44	0.2027***	56.92
ROA	−0.4599***	−11.12	1.8180***	8.94	−0.3257***	−10.24	1.7105***	10.61
LEV	−0.0141***	−3.06	0.1380***	6.10	−0.0057	−1.33	0.1252***	5.72
MB	0.0082***	8.11	0.0825***	16.67	0.0060***	6.23	0.0856***	17.51
TOP1	−0.1113***	−6.64	0.3966***	3.97	−0.1137***	−6.68	0.3621***	3.50
TOP1_SQ	0.1488***	7.56	−0.5281***	−4.56	0.1539***	7.72	−0.4965***	−4.14
STATE	0.0118***	7.09	−0.0119	−1.44	0.0100***	6.03	−0.0074	−0.88
OUTRATIO	0.0231**	2.29	−0.2219***	−3.62	0.0246**	2.44	−0.2047***	−3.26
LNBSIZE	0.0202***	7.12	−0.1481***	−8.70	0.0203***	7.08	−0.1485***	−8.46
LNPAY	0.0135***	12.92	−0.0416***	−7.57	0.0145***	13.74	−0.0476***	−8.34
DUAL	0.0035**	2.28	0.0191**	1.99	0.0037**	2.38	0.0180*	1.82
FCF	−0.0045	−1.32	0.0312	1.51	−0.0103***	−2.85	0.0700***	3.13
AGE	0.0003*	1.87	0.0000	0.03	0.0003*	1.91	0.0008	0.80

续表

因变量→	BTD		BTD		DDBTD		DDBTD	
自变量↓	系数	t值	系数	t值	系数	t值	系数	t值
EXPENSE	−0.1020**	−2.12	—	—	−0.1401***	−3.03	—	—
TURNOVER	—	—	0.0112	1.04	—	—	0.0270**	2.57
SIZE	−0.0067***	−4.86	−0.0065***	−3.03	−0.0053***	−4.00	−0.0071***	−3.39
ROA	0.4113***	28.29	0.3958***	24.15	0.2933***	21.04	0.2728***	17.07
LEV	0.0316***	10.46	0.0302***	9.89	0.0260***	8.93	0.0235***	7.88
MB	−0.0037***	−5.40	−0.0050***	−4.23	−0.0016**	−2.39	−0.0045***	−3.92
STATE	−0.0006	−0.52	−0.0016	−1.43	0.0014	1.21	0.0003	0.28
PPE	0.0088***	3.08	0.0109***	2.60	0.0210***	7.43	0.0325***	7.89
INTANG	0.0355***	3.99	−0.0103	−1.01	0.0488***	5.65	0.0117	1.17
INVENT	−0.0498***	−10.78	−0.0381***	−8.33	−0.0641***	−13.80	−0.0593***	−13.17
EQINC	0.4211***	13.15	0.4325***	13.82	0.3455***	12.06	0.2947***	9.70
LOSS	0.0104***	6.58	0.0058***	2.94	0.0111***	7.19	0.0059***	3.09
N	12 117		12 117		12 117		12 117	

注：***、**和*分别表示回归系数在1%、5%和10%水平显著。为了简便，我们未报告截距项、年度虚拟变量和行业虚拟变量的回归结果。

此外，表4-4下半部分的结果显示，EXPENSE的回归系数均显著为负，而TURNOVER的回归系数符号均为正，且有一个显著。这说明企业的代理成本越高，所得税规避程度越低。这与Chen et al.（2010）和吴祖光等（2011）的发现一致。

4.4.2　稳健性测试

为了验证结论的可靠性，我们执行了如下稳健性测试：

1.更换代理成本的衡量指标

在之前的内容中，我们采用了管理费用率和资产周转率作为代理成本的衡量指标。然而，上述两个指标的噪音可能比较大，因为管理费用和营业收入所包括的内容太多，以致本章的结论可能存在替代性假说。为此，我们使用在职消费（PERK）这一更为直观的变量来衡量企业的代理成本。在职消费是我国企业中较为普遍存在的现象（陈冬华等，2005）。虽然在职消费也许是薪酬契约不完善时经理人自身激励的一种方法，但Jensen and Meckling（1976）认为，在职消费构成了企业代理成本的一部分。Yermack（2006）也发现在职消费会导致公司价值毁损。来自中国的实证研究也表明，在职消费和代理问题显著相关（罗宏和黄文华，2008）。因此，我们使用在职消费来衡量企业的代理成本。具体而言，借鉴陈冬华等（2005）、罗宏和黄文华（2008）的方法，以上市公司年报附注中披露的"办公费、差旅费、业务招待费、通讯费、出国培训费、董事会费、小车费和会议费"这八项费用来衡量在职消费[①]，并使用营业总收入进行标准化处理。我们采用在职消费作为代理成本的衡量指标，重新对联立方程模型进行了回归。因为我们只有2003—2007年我国上市公司的在职消费数据，所以税收规避对在职消费影响的这部分研究的样本区间为2003—2007年。表4-5列示了回归结果。

表4-5　　以在职消费作为代理成本衡量指标的稳健性测试结果

因变量→	PERK		PERK		PERK		PERK	
自变量↓	系数	t值	系数	t值	系数	t值	系数	t值
RATE_DIFF	0.0180*	1.71	—	—	—	—	—	—
LRATE_DIFF	—	—	0.0509***	2.64	—	—	—	—
BTD	—	—	—	—	0.0605*	1.96	—	—
DDBTD	—	—	—	—	—	—	0.1016***	2.91
SIZE	−0.0061***	−16.14	−0.0051***	−11.20	−0.0060***	−16.42	−0.0061***	−16.19
ROA	−0.0302	−1.33	−0.0325*	−1.78	−0.0259	−1.37	−0.0336*	−1.93
LEV	0.0015	0.64	0.0014	0.54	0.0011	0.50	0.0013	0.56
MB	0.0026**	2.47	0.0035***	3.22	0.0020**	2.48	0.0025**	2.94
TOP1	−0.0220*	−1.93	−0.0147	−1.26	−0.0163	−1.53	−0.0142	−1.27
TOP1_SQ	0.0214	1.61	0.0152	1.13	0.0142	1.15	0.0116	0.89
STATE	−0.0018**	−2.09	−0.0004	−0.36	−0.0019**	−2.30	−0.0018**	−2.08
OUTRATIO	0.0007	0.09	0.0055	0.56	−0.0013	−0.18	−0.0004	−0.05
LNBSIZE	−0.0020	−1.09	−0.0018	−0.98	−0.0007	−0.42	−0.0008	−0.47
LNPAY	0.0037***	6.23	0.0031***	5.10	0.0035***	6.72	0.0037***	6.76
DUAL	−0.0002	−0.16	−0.0008	−0.79	0.0000	0.00	0.0002	0.24
FCF	0.0049	1.60	0.0025	0.77	0.0059**	2.02	0.0034	1.10
AGE	−0.0003***	−2.96	−0.0002**	−2.05	−0.0003***	−3.28	−0.0004***	−3.60

---

① 感谢叶康涛老师慷慨地提供了这一数据。

因变量→ 自变量↓	RATE_DIFF		LRATE_DIFF		BTD		DDBTD	
	系数	t值	系数	t值	系数	t值	系数	t值
PERK	−6.9432***	−3.35	−1.0084	−0.69	−1.3128***	−3.26	−1.2247***	−3.20
SIZE	−0.0372***	−3.16	−0.0132*	−1.72	−0.0080***	−3.50	−0.0051**	−2.34
ROA	1.7246***	8.77	0.5589***	4.79	0.4441***	11.60	0.3562***	9.80
LEV	0.0132	0.34	0.0133	0.57	0.0108	1.42	0.0104	1.44
MB	−0.0561***	−4.43	−0.0338***	−4.46	−0.0085***	−3.44	−0.0081***	−3.45
STATE	−0.0356**	−2.46	−0.0267***	−3.12	−0.0090***	−3.19	−0.0071***	−2.66
PPE	−0.0896**	−2.05	−0.0355	−1.44	−0.0305***	−3.62	−0.0071	−0.88
INTANG	−0.0582	−0.42	0.0832	1.03	−0.0085	−0.32	0.0286	1.12
INVENT	−0.2761***	−4.20	−0.1628***	−4.32	−0.0637***	−5.03	−0.0941***	−7.72
EQINC	1.4626***	3.88	0.4921**	2.34	0.5751***	7.87	0.3120***	4.47
LOSS	0.0188	0.84	0.0373***	2.91	0.0024	0.56	0.0089**	2.14
N	2 344		2 036		2 344		2 344	

注：***、**和*分别表示回归系数在1%、5%和10%水平显著。为了简便，我们未报告截距项、年度虚拟变量和行业虚拟变量的回归结果。

表4-5上半部分的结果显示，四个衡量所得税规避程度的指标均在10%及以下水平显著为正。这也就意味着，企业的所得税规避程度越高，在职消费水平也就越高。表4-5下半部分的结果则显示，PERK的回归系数在四个方程中均为负，且在三个方程中显著。这说明，企业的代理成本越高，所得税规避程度越低。这与表4-4的回归结果大体一致。

2.改变回归方法

在前述内容中，我们采用联立方程模型对研究假说进行了检验。虽然我们在表4-4和表4-5中发现代理成本会对所得税规避产生影响，但是我们并未在表4-3中发现这一结论。因此，实证结论并不确定代理成本是否真的会影响所得税规避。如果说代理成本对所得税规避没有影响的话，那么采用联立方程模型就失去了依据。此外，因为联立方程模型需要两个模型中都存在外生的变量，虽然我们在模型中设置了此类变量，但是这些变量的外生性是否有效仍值得怀疑。综合上述两点原因，采用联立方程模型的回归结果可能存在偏误。基于此，我们采用最小二乘法回归对研究假说重新进行了检验。表4-6列示了检验结果。

表4-6 采用最小二乘法回归的稳健性测试结果

因变量→ 自变量↓	(1) EXPENSE	(2) TURNOVER	(3) EXPENSE	(4) TURNOVER	(5) EXPENSE	(6) TURNOVER	(7) EXPENSE	(8) TURNOVER
RATE_DIFF	-0.0017	-0.0650***	—	—	—	—	—	—
	(-0.71)	(-5.01)	—	—				
LRATE_DIFF	—	—	0.0079**	-0.1032***	—	—	—	—
	—	—	(2.36)	(-5.58)				
BTD	—	—	—	—	0.0495***	-0.2952***	—	—
					(4.63)	(-4.21)	—	—
DDBTD	—	—	—	—	—	—	0.0464***	-0.2740***
							(4.35)	(-3.90)
SIZE	-0.0327***	0.2086***	-0.0339***	0.2155***	-0.0324***	0.2076***	-0.0326***	0.2084***
	(-43.21)	(47.74)	(-40.85)	(43.63)	(-43.52)	(47.42)	(-43.42)	(47.66)
ROA	0.0146	0.8588***	0.0211	0.7870***	-0.0107	0.8910***	-0.0031	0.8447***
	(0.67)	(6.97)	(0.89)	(5.72)	(-0.51)	(7.30)	(-0.15)	(6.91)
LEV	0.0134***	0.0778***	0.0124**	0.1035***	0.0122***	0.0836***	0.0127***	0.0803***
	(2.89)	(3.31)	(2.40)	(3.78)	(2.68)	(3.56)	(2.78)	(3.41)
MB	0.0040***	0.0912***	0.0027**	0.0997***	0.0042***	0.0908***	0.0041***	0.0914***
	(4.05)	(15.57)	(2.55)	(15.25)	(4.31)	(15.40)	(4.20)	(15.55)
TOP1	-0.1268***	0.4569***	-0.1168***	0.4479***	-0.1246***	0.4451***	-0.1243***	0.4437***
	(-8.78)	(4.59)	(-7.26)	(4.02)	(-8.65)	(4.47)	(-8.63)	(4.46)
TOP1_SQ	0.1635***	-0.5954***	0.1527***	-0.6110***	0.1609***	-0.5821***	0.1608***	-0.5813***
	(9.74)	(-5.13)	(8.15)	(-4.76)	(9.63)	(-5.02)	(9.61)	(-5.01)
STATE	0.0115***	-0.0118	0.0093***	0.0104	0.0116***	-0.0114	0.0115***	-0.0111
	(9.55)	(-1.45)	(6.85)	(1.13)	(9.57)	(-1.41)	(9.52)	(-1.37)
OUTRATIO	0.0286***	-0.2500***	0.0250**	-0.2855***	0.0266***	-0.2396***	0.0269***	-0.2416***
	(3.16)	(-4.19)	(2.50)	(-4.20)	(2.94)	(-4.02)	(2.97)	(-4.05)
LNBSIZE	0.0190***	-0.1464***	0.0231***	-0.1587***	0.0190***	-0.1469***	0.0189***	-0.1469***
	(7.63)	(-8.66)	(8.29)	(-8.31)	(7.60)	(-8.70)	(7.60)	(-8.69)
LNPAY	0.0116***	-0.0384***	0.0113***	-0.0410***	0.0118***	-0.0389***	0.0118***	-0.0390***
	(13.92)	(-6.90)	(12.23)	(-6.34)	(14.20)	(-6.98)	(14.21)	(-6.98)
DUAL	0.0025*	0.0206**	0.0032*	0.0150	0.0025*	0.0201**	0.0026*	0.0198**
	(1.75)	(2.24)	(1.84)	(1.30)	(1.76)	(2.18)	(1.79)	(2.15)
FCF	-0.0008	0.0279	0.0007	0.0097	-0.0006	0.0273	-0.0017	0.0336*
	(-0.22)	(1.41)	(0.13)	(0.36)	(-0.16)	(1.38)	(-0.43)	(1.70)
AGE	0.0007***	-0.0010	0.0006***	0.0015	0.0006***	-0.0008	0.0006***	-0.0008
	(4.90)	(-1.08)	(3.30)	(1.20)	(4.60)	(-0.85)	(4.54)	(-0.81)
R^2	0.418	0.466	0.429	0.471	0.419	0.466	0.419	0.466
F	99.31	152.90	79.05	132.66	100.19	153.59	99.96	153.40
N	12 117	12 117	9 772	9 772	1 2117	12 117	12 117	12 117

注：***、**和*分别表示回归系数在1%、5%和10%水平显著。为了简便，我们未报告截距项、年度虚拟变量和行业虚拟变量的回归结果。t值的计算基于稳健标准差。

表4-6的结果显示，8组回归中，只有第1组回归中RATE_DIFF的回归系数不显著。其他7组回归中，所得税规避指标的回归系数符号与预期一致，且均置信。这说明回归方法的选择并没有影响本章的研究假说。

3.改变样本期间

我国于2008年开始正式实施新的《中华人民共和国企业所得税法》。为了排除制度变迁对结论的影响，我们分别采用新所得税法实施之前的1999—2007年样本和实施之后的2008—2011年样本重新进行了回归。回归结果分别列示在表4-7和表4-8中。表4-7和表4-8的结果显示，新所得税法的实施并没有对结论产生任何影响。实施前和实施后的16组回归中，所得税规避指标的回归系数均在5%及以下的置信水平显著，且回归符号均与预期一致。

表4-7　　1999—2007年样本的稳健性测试结果

因变量→ 自变量↓	(1) EXPENSE	(2) TURNOVER	(3) EXPENSE	(4) TURNOVER	(5) EXPENSE	(6) TURNOVER	(7) EXPENSE	(8) TURNOVER
RATE_DIFF	0.2649***	-1.2364***	—	—	—	—	—	—
LRATE_DIFF	—	—	0.4177***	-1.1098***	—	—	—	—
BTD	—	—	—	—	0.7545***	-2.3945***	—	—
DDBTD	—	—	—	—	—	—	0.9579***	-3.8068***
SIZE	-0.0328***	0.2187***	-0.0310***	0.2221***	-0.0306***	0.2137***	-0.0322***	0.2180***
ROA	-0.4667***	3.2666***	-0.2833***	1.7159***	-0.3582***	2.2342***	-0.3615***	2.5195***
LEV	0.0030	0.0773**	-0.0041	0.1003***	-0.0059	0.1000***	-0.0054	0.1020***
MB	0.0048**	0.0572***	0.0051**	0.0683***	0.0023	0.0761***	0.0024	0.0715***
TOP1	-0.0759***	0.4319***	-0.0671**	0.3969***	-0.0732***	0.4362***	-0.0709***	0.4071***
TOP1_SQ	0.1159***	-0.5475***	0.1092***	-0.5497***	0.1105***	-0.5470***	0.1099***	-0.5147***
STATE	0.0161***	0.0045	0.0170***	0.0183	0.0155***	0.0129	0.0160***	0.0084
OUTRATIO	0.0151	-0.1391*	0.0227	-0.1976**	0.0134	-0.0985	0.0134	-0.0758
LNBSIZE	0.0143***	-0.1243***	0.0178***	-0.1486***	0.0140***	-0.1276***	0.0141***	-0.1301***
LNPAY	0.0126***	-0.0295***	0.0147***	-0.0341***	0.0115***	-0.0265***	0.0125***	-0.0316***
DUAL	0.0071***	0.0163	0.0075***	0.0041	0.0067***	0.0150	0.0069***	0.0152
FCF	-0.0078	0.0452	-0.0061	0.0002	-0.0040	0.0177	-0.0097*	0.0778**
AGE	0.0010***	0.0001	0.0009***	0.0023	0.0010***	0.0001	0.0009***	0.0016

续表

因变量→	(1)	(2)	(3)	(4)	(5)	(6)	(7)	(8)
自变量↓	RATE_DIFF		LRATE_DIFF		BTD		DDBTD	
EXPENSE	−0.2916	—	−0.4793**	—	−0.0204	—	−0.0500	—
TURNOVER	—	0.0599	—	0.0469	—	0.0168	—	0.0309*
SIZE	−0.0068	−0.0150	−0.0165**	−0.0146	−0.0027	−0.0062*	−0.0013	−0.0068**
ROA	1.6345***	1.5535***	0.5578***	0.5192***	0.4310***	0.4087***	0.3460***	0.3087***
LEV	0.0265	0.0368*	0.0183	0.0211	0.0207***	0.0223***	0.0173***	0.0188***
MB	−0.0273***	−0.0306***	−0.0203***	−0.0234***	−0.0062***	−0.0076***	−0.0050***	−0.0074***
STATE	−0.0133	−0.0178**	−0.0085	−0.0151***	−0.0045	−0.0049	−0.0038**	−0.0049***
PPE	0.0670***	0.1117***	0.0583***	0.0573***	0.0024	−0.0006	0.0171***	0.0245***
INTANG	0.1595***	−0.0625	0.2022***	0.0241	0.0228*	−0.0208	0.0454***	0.0051
INVENT	−0.1527***	−0.1369***	−0.1234***	−0.1490***	−0.0485***	−0.0496***	−0.0588***	−0.0686***
EQINC	1.5196***	1.3389***	1.0535***	0.7218***	0.5107***	0.5201***	0.3798***	0.3772***
LOSS	0.0281***	−0.0162	0.0467***	0.0309***	0.0066	0.0004	0.0096***	0.0031
N	6 643	6 643	5 583	5 583	6 643	6 643	6 643	6 643

注：***、**和*分别表示回归系数在1%、5%和10%水平显著。为了简便，我们未报告截距项、年度虚拟变量和行业虚拟变量的回归结果。

表4-8 **2008—2011年样本的稳健性测试结果**

因变量→	(1)	(2)	(3)	(4)	(5)	(6)	(7)	(8)
自变量↓	EXPENSE	TURNOVER	EXPENSE	TURNOVER	EXPENSE	TURNOVER	EXPENSE	TURNOVER
RATE_DIFF	0.2582***	−0.4569**	—	—	—	—	—	—
LRATE_DIFF	—	—	0.3938***	−0.5515**	—	—	—	—
BTD	—	—	—	—	1.1214***	−1.4962**	—	—
DDBTD	—	—	—	—	—	—	0.9438***	−1.6226***
SIZE	−0.0297***	0.1936***	−0.0309***	0.1998***	−0.0251***	0.1903***	−0.0289***	0.1945***
ROA	−0.3210***	1.1383***	−0.1570***	0.8221***	−0.4360***	1.1659***	−0.2178***	0.9802***
LEV	0.0170***	0.1162***	0.0158*	0.1249***	−0.0182**	0.1557***	0.0006	0.1324***
MB	0.0087***	0.0833***	0.0049***	0.0962***	0.0104***	0.0815***	0.0075***	0.0841***
TOP1	−0.1486***	0.5278***	−0.1424***	0.5678***	−0.1464***	0.4327***	−0.1451***	0.3737**
TOP1_SQ	0.1822***	−0.7005***	0.1766***	−0.7710***	0.1825***	−0.5985***	0.1817***	−0.5394***
STATE	0.0101***	−0.0399***	0.0058*	−0.0084	0.0071***	−0.0357***	0.0045*	−0.0313**
OUTRATIO	0.0688***	−0.4653***	0.0420**	−0.4749***	0.0672***	−0.4110***	0.0681***	−0.3989***
LNBSIZE	0.0311***	−0.1900***	0.0387***	−0.1874***	0.0342***	−0.1914***	0.0328***	−0.1862***
LNPAY	0.0141***	−0.0618***	0.0130***	−0.0646***	0.0160***	−0.0699***	0.0163***	−0.0743***
DUAL	−0.0005	0.0205	−0.0013	0.0332	0.0001	0.0185	0.0001	0.0160
FCF	−0.0050	0.0457	−0.0070	0.0411	−0.0042	0.0304	−0.0092**	0.0655**
AGE	0.0002	0.0003	−0.0000	0.0034*	0.0000	0.0012	0.0001	0.0018

续表

因变量→	(1)	(2)	(3)	(4)	(5)	(6)	(7)	(8)
自变量↓	RATE_DIFF		LRATE_DIFF		BTD		DDBTD	
EXPENSE	−0.3183	—	−0.2714	—	−0.1706**	—	−0.1961***	—
TURNOVER	—	0.0130	—	0.0615	—	0.0260*	—	0.0405***
SIZE	−0.0156*	−0.0123	−0.0131	−0.0177	−0.0106***	−0.0109***	−0.0086***	−0.0109***
ROA	1.3557***	1.4359***	0.4807***	0.4350***	0.4009***	0.3886***	0.2590***	0.2489***
LEV	0.0378*	0.0029	0.0446**	0.0176	0.0449***	0.0342***	0.0349***	0.0234***
MB	−0.0099**	−0.0128*	−0.0007	−0.0069	−0.0032***	−0.0065***	−0.0008	−0.0055***
STATE	−0.0061	−0.0060	−0.0029	−0.0031	0.0016	0.0012	0.0049***	0.0050***
PPE	0.0443**	0.1326***	−0.0051	0.0450	0.0076*	0.0199***	0.0226***	0.0422***
INTANG	0.2231***	0.1541**	0.1220***	0.0572	0.0353***	−0.0079	0.0476***	0.0156
INVENT	−0.1952***	−0.0134	−0.1609***	−0.0367	−0.0595***	−0.0304**	−0.0762***	−0.0549***
EQINC	0.9248***	0.2622	0.8916***	1.1338***	0.3677***	0.3515***	0.3112***	0.2006***
LOSS	0.0512***	0.0534***	0.0264***	0.0243*	0.0137***	0.0145***	0.0134***	0.0112***
N	5 474	5 474	4 189	4 189	5 474	5 474	5 474	5 474

注：***、**和*分别表示回归系数在1%、5%和10%水平显著。为了简便，我们 73 未报告截距项、年度虚拟变量和行业虚拟变量的回归结果。

此外，借鉴 Chen et al.（2010）和 Kim et al.（2011）的研究，我们还剔除了当期所得税费用小于0的样本。这部分公司可能并不需要缴税，从而其并不存在所得税规避的动机。未报告的结果显示，这部分样本的剔除对回归结果没有任何影响。

4.改变所得税规避的衡量指标

我们构建了一个衡量企业所得税规避程度的综合指标TA_INDEX。具体而言，我们对四个所得税规避指标进行了主成分分析。我们选取了第一主成分来综合衡量企业的所得税规避程度，即TA_INDEX。之后，我们对联立方程重新进行了回归，回归结果列示在表4-9中。表4-9的结果显示，不论是以管理费用率还是以总资产周转率衡量企业的代理成本，TA_INDEX的符号均与理论预期一致，且回归系数均在1%的置信水平以下显著。此外，我们也进行了最小二乘法回归，结果仍然支持研究假说。这说明所得税规避程度的综合指标并没有改变本章的结论。

表 4-9　　对所得税规避指标进行主成分分析的稳健性测试结果

	联立方程回归结果				最小二乘法回归结果	
	因变量=EXPENSE	因变量=TA_INDEX	因变量=TURNOVER	因变量=TA_INDEX	因变量=EXPENSE	因变量=TURNOVER
TA_INDEX	0.0412***	—	-0.0956***	—	0.0012***	-0.0120***
	(12.56)	—	(-6.16)	—	(3.04)	(-4.88)
EXPENSE	—	-2.7401*	—	—	—	—
	—	(-1.78)	—	—	—	—
TURNOVER	—	—	—	0.4659	—	—
	—	—	—	(1.42)	—	—
SIZE	-0.0291***	-0.1655***	0.2052***	-0.1906***	-0.0338***	0.2150***
	(-32.50)	(-3.64)	(48.22)	(-2.85)	(-40.99)	(43.50)
ROA	-0.4675***	11.0932***	1.8695***	10.6247***	0.0115	0.8699***
	(-9.95)	(23.87)	(8.42)	(20.49)	(0.50)	(6.26)
LEV	-0.0028	0.5464***	0.1363***	0.5046***	0.0121**	0.1058***
	(-0.54)	(5.57)	(5.56)	(5.01)	(2.37)	(3.86)
MB	0.0076***	-0.1119***	0.0890***	-0.1642***	0.0028**	0.0990***
	(6.36)	(-5.21)	(15.77)	(-4.28)	(2.63)	(15.06)
TOP1	-0.1001***	—	0.3829***	—	-0.1156***	0.4355***
	(-5.41)	—	(3.34)	—	(-7.18)	(3.91)
TOP1_SQ	0.1378***	—	-0.5392***	—	0.1511***	-0.5954***
	(6.29)	—	(-4.04)	—	(8.08)	(-4.63)
STATE	0.0105***	-0.0406	0.0079	-0.0701*	0.0092***	0.0106
	(5.27)	(-1.04)	(0.83)	(-1.91)	(6.85)	(1.15)
OUTRATIO	0.0218*	—	-0.2629***	—	0.0244**	-0.2799***
	(1.95)	—	(-3.69)	—	(2.42)	(-4.11)
LNBSIZE	0.0244***	—	-0.1578***	—	0.0231***	-0.1583***
	(7.39)	—	(-7.98)	—	(8.28)	(-8.31)
LNPAY	0.0135***	—	-0.0466***	—	0.0113***	-0.0415***
	(11.07)	—	(-7.36)	—	(12.33)	(-6.42)
DUAL	0.0042**	—	0.0138	—	0.0033*	0.0133
	(2.31)	—	(1.18)	—	(1.91)	(1.15)
FCF	-0.0070*	—	0.0268	—	0.0005	0.0113
	(-1.69)	—	(1.00)	—	(0.10)	(0.42)
AGE	0.0003	—	0.0025**	—	0.0006***	0.0016
	(1.51)	—	(1.96)	—	(3.22)	(1.29)
PPE	—	0.3652***	—	0.5549***	—	—
	—	(4.23)	—	(4.10)	—	—
INTANG	—	1.2032***	—	-0.0813	—	—
	—	(4.57)	—	(-0.25)	—	—
INVENT	—	-1.4693***	—	-1.3687***	—	—
	—	(-10.37)	—	(-9.49)	—	—
EQINC	—	9.5176***	—	9.1953***	—	—
	—	(10.43)	—	(9.67)	—	—
LOSS	—	0.3047***	—	0.1807***	—	—
	—	(6.65)	—	(3.02)	—	—
N	9 772	9 772	9 772	9 772	9 772	9 772

　　注：***、**和*分别表示回归系数在1%、5%和10%水平显著。为了简便，我们未报告截距项、年度虚拟变量和行业虚拟变量的回归结果。在最小二乘法回归中，t值的计算基于稳健标准差。

5.极端的所得税规避活动对结论的影响

在导论中就已提到，我们无法在书中区分企业所得税规避活动的合法性与非法性。那么，合法与非法的所得税规避活动对代理成本的影响是否存在差异呢？我们试图采用实证方法来分析这一问题。我们认为，如果企业的所得税规避程度属于极端大组，那么它很可能在进行非法的所得税规避活动。基于此，我们设置了一个关于企业所得税规避程度的虚拟变量 DUMTA。当企业的所得税规避程度大于90%分位数时，DUMTA 取1，否则为0。因为所得税规避指标有四个，因此相应的虚拟变量也有四个，分别是 DUMRATE_DIFF、DUMLRATE_DIFF、DUMBTD 和 DUMDDBTD。采用这四个虚拟变量作为解释变量，并采用 OLS 回归的结果显示，DUMBTD 和 DUMDDBTD 的估计系数均与前述一致。当解释变量为 DUMRATE_DIFF，且因变量为 EXPENSE 时，结果与预期一致。然而，当因变量为 TURNOVER 时，DUMRATE_DIFF 并不显著。此外，当解释变量为 DUMLRATE_DIFF 时，其估计系数与预期完全相反。因此，综合来看，这些虚拟变量的结果不太稳定，这也说明非法的所得税规避活动可能并不是影响本书结论的主要原因。为了进一步佐证上述结论，我们进一步按照所得税规避程度的50%和75%分位数设置了虚拟变量。这些虚拟变量的估计系数均与预期一致。因此，这些回归结果说明本章的结论主要受到企业合法的所得税规避活动的影响。

4.4.3 产权性质的影响：国有企业和非国有企业的分样本检验

在这一部分，我们进一步探讨产权性质对本章结论的影响。现有的研究发现，国有企业的所得税规避程度要显著低于非国有企业。那么，这是否会使得这两种类型的企业在所得税规避对代理成本的影响方面呈现出差异呢？基于此，我们将国有企业和非国有企业进行了分别检验。检验结果列示在表4-10和表4-11中。

表4-10　　所得税规避对权益代理成本的影响（国有企业的回归结果）

因变量→	(1)	(2)	(3)	(4)	(5)	(6)	(7)	(8)
自变量↓	EXPENSE	TURNOVER	EXPENSE	TURNOVER	EXPENSE	TURNOVER	EXPENSE	TURNOVER
RATE_DIFF	0.4120***	−1.7990***	—	—	—	—	—	—
LRATE_DIFF	—	—	0.3804***	−1.1499***	—	—	—	—
BTD	—	—	—	—	0.8633***	−2.6236***	—	—
DDBTD	—	—	—	—	—	—	0.9785***	−3.9830***
SIZE	−0.0255***	0.1937***	−0.0258***	0.2095***	−0.0243***	0.1940***	−0.0259***	0.1977***
ROA	−0.6551***	3.3205***	−0.2435***	1.1068***	−0.3065***	1.4139***	−0.2652***	1.5525***
LEV	0.0080	0.0708*	−0.0015	0.0989***	−0.0022	0.1054***	−0.0013	0.1071***
MB	0.0076***	0.0619***	0.0026	0.0913***	0.0053***	0.0794***	0.0045***	0.0765***
TOP1	−0.0864***	0.0730	−0.0941***	0.1047	−0.0835***	0.1000	−0.0888***	0.0783
TOP1_SQ	0.1200***	−0.1492	0.1339***	−0.2419	0.1153***	−0.1788	0.1236***	−0.1635
OUTRATIO	0.0159	−0.2108***	0.0140	−0.2670***	0.0171*	−0.2561***	0.0179*	−0.2490***
LNBSIZE	0.0128***	−0.1549***	0.0207***	−0.2347***	0.0130***	−0.1777***	0.0133***	−0.1821***
LNPAY	0.0086***	−0.0187*	0.0108***	−0.0275***	0.0079***	−0.0168*	0.0088***	−0.0217***
DUAL	0.0024	−0.0073	0.0019	−0.0095	0.0023	−0.0080	0.0026	−0.0081
FCF	−0.0110**	0.0615**	−0.0076	0.0072	−0.0073*	0.0285	−0.0110**	0.0555*
AGE	0.0005**	−0.0001	0.0010***	−0.0013	0.0006***	−0.0002	0.0006***	−0.0000

因变量→	(1)	(2)	(3)	(4)	(5)	(6)	(7)	(8)
自变量↓	RATE_DIFF		LRATE_DIFF		BTD		DDBTD	
EXPENSE	0.0995	—	−0.5563*	—	0.0616	—	0.0061	—
TURNOVER	—	−0.0827	—	0.0397	—	−0.0199	—	−0.0021
SIZE	0.0014	0.0119	−0.0175**	−0.0142	−0.0005	0.0013	−0.0001	−0.0004
ROA	1.4976***	1.5594***	0.5097***	0.4946***	0.3050***	0.3119***	0.2324***	0.2363***
LEV	−0.0025	0.0181	0.0183	0.0231	0.0105***	0.0148***	0.0096***	0.0128***
MB	−0.0189***	−0.0101	−0.0078***	−0.0115*	−0.0065***	−0.0045***	−0.0049***	−0.0045***
PPE	0.0390***	0.0700***	0.0459***	0.0523***	0.0064*	0.0060	0.0174***	0.0244***
INTANG	0.1777***	0.0298	0.1813***	−0.0315	0.0365***	−0.0045	0.0491***	0.0117
INVENT	−0.1165***	−0.1252***	−0.1410***	−0.1498***	−0.0448***	−0.0450***	−0.0563***	−0.0636***
EQINC	0.8444***	0.5371***	1.1872***	0.9470***	0.4536***	0.4738***	0.3475***	0.3042***
LOSS	0.0288***	−0.0030	0.0468***	0.0233***	0.0109***	0.0063***	0.0116***	0.0060***
N	7 854	7 854	6 775	6 775	7 854	7 854	7 854	7 854

　　注：***、**和*分别表示回归系数在1%、5%和10%水平显著。为了简便，我们未报告截距项、年度虚拟变量和行业虚拟变量的回归结果。

表4-11　　　　所得税规避对权益代理成本的影响（非国有企业的回归结果）

因变量→ 自变量↓	(1) EXPENSE	(2) TURNOVER	(3) EXPENSE	(4) TURNOVER	(5) EXPENSE	(6) TURNOVER	(7) EXPENSE	(8) TURNOVER
RATE_DIFF	0.4852***	−0.6530*	—	—	—	—	—	—
LRATE_DIFF	—	—	0.4741***	−0.2002	—	—	—	—
BTD	—	—	—	—	1.6216***	−1.7475*	—	—
DDBTD	—	—	—	—	—	—	1.0281***	−0.4510
SIZE	−0.0379***	0.2148***	−0.0393***	0.2107***	−0.0319***	0.2104***	−0.0383***	0.2194***
ROA	−0.7239***	2.1797***	−0.2039***	1.3653***	−0.9119***	2.1988***	−0.3711***	1.3572***
LEV	0.0004	0.1048***	0.0014	0.1093***	−0.0462***	0.1408***	−0.0060	0.0719***
MB	0.0090***	0.0812***	0.0052***	0.0889***	0.0096***	0.0801***	0.0054***	0.0833***
TOP1	−0.0954**	0.8744***	−0.0595*	0.9506***	−0.0669	0.6645***	−0.0645	0.6368***
TOP1_SQ	0.0941*	−1.0812***	0.0557	−1.2208***	0.0634	−0.8433***	0.0644	−0.8167***
OUTRATIO	0.0007	−0.1131	0.0108	−0.2591**	−0.0088	−0.0659	−0.0050	−0.0504
LNBSIZE	0.0260***	−0.0356	0.0246***	0.0381	0.0292***	−0.0462	0.0240***	−0.0467*
LNPAY	0.0285***	−0.0846***	0.0199***	−0.0738**	0.0305***	−0.0877***	0.0261***	−0.0801**
DUAL	0.0025	0.0357***	0.0028	0.0441**	0.0035	0.0295**	0.0031	0.0242**
FCF	−0.0019	0.0339	−0.0061	0.0513	−0.0015	0.0334	−0.0094	0.0721***
AGE	0.0002	−0.0004	−0.0007*	0.0059***	−0.0001	0.0011	−0.0001	0.0017
因变量→ 自变量↓	(1) RATE_DIFF	(2)	(3) LRATE_DIFF	(4)	(5) BTD	(6)	(7) DDBTD	(8)
EXPENSE	−0.9691***	—	−0.0698	—	−0.3481***	—	−0.3109***	—
TURNOVER	—	0.1948***	—	0.0707	—	0.0504***	—	0.0553***
SIZE	−0.0422***	−0.0505***	−0.0079	−0.0190*	−0.0187***	−0.0171***	−0.0140***	−0.0145***
ROA	1.5488***	1.3237***	0.4902***	0.4527***	0.5705***	0.4951***	0.3895***	0.3255***
LEV	0.0659***	0.0065	0.0387*	0.0129	0.0526***	0.0396***	0.0398***	0.0290***
MB	−0.0043	−0.0255***	−0.0055	−0.0121**	−0.0011	−0.0071**	0.0012	−0.0051***
PPE	0.0443**	0.1315***	0.0129	0.0499	0.0113**	0.0192**	0.0274***	0.0305***
INTANG	0.2299***	0.0688	0.1744***	0.1616**	0.0554***	−0.0143	0.0656***	0.0089
INVENT	−0.1325***	0.0453	−0.1080***	−0.0494	−0.0483***	−0.0182**	−0.0683***	−0.0523***
EQINC	1.0557***	0.7554***	0.7028***	0.5546***	0.3856**	0.3119***	0.3318***	0.1083**
LOSS	0.0220*	0.0186	0.0174**	0.0396***	0.0058**	0.0035	0.0071**	0.0072**
N	4 263	4 263	2 997	2 997	4 263	4 263	4 263	4 263

注：***、**和*分别表示回归系数在1%、5%和10%水平显著。为了简便，我们未报告截距项、年度虚拟变量和行业虚拟变量的回归结果。

　　表 4-10 的结果显示，在国有企业样本中，四个衡量所得税规避的指标均在 1% 的置信水平显著，且回归系数的符号均与预期一致。然而，在所得税规避模型中，代理成本的衡量指标只有 1 个显著，其他 7 个均不显著，且回归系数的符号也不太一致。这说明在国有企业，所得税规避会导致代理成本，但是代理成本对所得税规避的影响并不显著。

　　表 4-11 的结果显示，在非国有企业样本中，我们同样发现所得税规避对代理成本有显著影响。此外，更为重要的是，我们发现，绝大部分代理成本的衡量指标均显著。这说明在非国有企业，代理成本对所得税规避存在显著影响。具体而言，代理成本越高，所得税规避程度越低。

　　因此，综合来看，虽然我们并没有发现所得税规避对代理成本的影响在国有企业和非国有企业存在显著差异。但是，我们确实发现，代理成本对所得税规避的影响，只是发生在非国有企业，国有企业并不存在这一现象。这可能源于国有企业的税收决策很大程度上受到政府干预的影响，从而经理人的代理成本很难对税收决策产生影响。

　　进一步地，我们还在表 4-12 中列示了所得税规避对在职消费影响的分样本回归。在上面的内容中我们阐述道，在职消费可能是企业对高管现金激励不足的一种替代机制。而且，姜付秀和黄继承（2011）也确实发现在职消费会提升企业价值。但是，他们分样本的回归结果显示，只有在国有企业，在职消费才会存在激励效应，而在民营企业，激励效应却不存在。这源于政府对国有企业的薪酬管制。因此，我们可以认为，在国有企业，在职消费是一种隐性激励，而在非国有企业，在职消费更加是一种代理成本。按此推断，所得税规避对在职消费的影响应该只会存在于非国有企业。

　　与我们的预期一致，表 4-12 的结果显示，在国有企业样本（Panel A）中，所得税规避和在职消费变量均不显著。在非国有企业样本（Panel B）中，所得税规避变量的符号均与预期一致，且只有 BTD 的回归系数不显著，其他三个变量均在 10% 或 5% 的置信水平显著为正。在职消费变量则大部分均在 1% 的置信水平显著为负。

表 4-12　**所得税规避对在职消费的影响（国有和非国有样本的分别回归）**

Panel A：国有企业的回归结果

因变量→	PERK		PERK		PERK		PERK	
自变量↓	系数	t值	系数	t值	系数	t值	系数	t值
RATE_DIFF	−0.0061	−0.65	—	—	—	—	—	—
LRATE_DIFF	—	—	−0.0173	−0.91	—	—	—	—
BTD	—	—	—	—	0.0020	0.06	—	—
DDBTD	—	—	—	—	—	—	0.0167	0.50
控制变量	Yes	Yes	Yes	Yes	Yes	Yes	Yes	Yes

因变量→	RATE_DIFF		LRATE_DIFF		BTD		DDBTD	
自变量↓	系数	t值	系数	t值	系数	t值	系数	t值
PERK	−7.5001	−1.91[*]	1.2172	0.50	−0.7408	−1.05	−0.4513	−0.66
控制变量	Yes	Yes	Yes	Yes	Yes	Yes	Yes	Yes
N	1 696	—	1 495	—	1 696	—	1 696	—

Panel B：非国有企业的回归结果

因变量→	PERK		PERK		PERK		PERK	
自变量↓	系数	t值	系数	t值	系数	t值	系数	t值
RATE_DIFF	0.0528	2.07[**]	—	—	—	—	—	—
LRATE_DIFF	—	—	0.0530	2.19[**]	—	—	—	—
BTD	—	—	—	—	0.0751	1.08	—	—
DDBTD	—	—	—	—	—	—	0.1434	1.71[*]
控制变量	Yes	Yes	Yes	Yes	Yes	Yes	Yes	Yes

因变量→	RATE_DIFF		LRATE_DIFF		BTD		DDBTD	
自变量↓	系数	t值	系数	t值	系数	t值	系数	t值
PERK	−4.4302	−2.57[***]	−1.7045	−1.44	−1.2892	−3.41[***]	−1.0541	−3.16[***]
控制变量	Yes	Yes	Yes	Yes	Yes	Yes	Yes	Yes
N	648	—	541	—	648	—	648	—

　　注：***、**和*分别表示回归系数在 1%、5% 和 10% 水平显著。为了简便，我们未报告截距项和其他控制变量的回归结果。

4.5 ———————— 本章小结 ————————

　　从所得税规避的代理理论出发，理论分析认为，企业的所得税规避活动会加剧信息不对称和降低经理人激励契约的有效性。按照 Jensen and Meckling（1976）的观点，这会导致企业权益代理成本的增加。因此，我们预期企业的所得税规避程度越高，企业的权益代理成本也越高。

采用中国上市公司 1999—2011 年的样本，我们的理论预期得到了证实。我们分别采用两种指标来衡量企业的代理成本，并采用四种指标来刻画企业的所得税规避程度。在对 8 组联立方程模型进行回归之后，一致发现上市公司的所得税规避程度越高，权益代理成本也越高，这有力地支持了本章的研究假说。在对回归方法进行改变、样本期间进行变换，以及主要指标的衡量方法进行变换之后，研究结论仍然保持不变。

在进一步的研究中，我们按照产权性质的不同，对国有企业和非国有企业分别进行了回归。联立方程的回归结果显示，不论在哪一种类型的企业，所得税规避活动都会导致权益代理成本的增加。但是，我们却发现，在非国有企业，代理成本对所得税规避也存在影响，表现为代理成本越高，所得税规避程度越低。然而，我们并未在国有企业发现代理成本会影响所得税规避。这可能源于国有企业的税收决策很大程度上受到政府干预的影响，从而经理人的代理成本很难对税收决策产生影响。此外，以在职消费作为代理成本衡量指标的回归结果则显示，只有在非国有企业，所得税规避会显著增加在职消费，在职消费又会反过来显著影响所得税规避。当回归样本为国有企业时，上述结论均不存在。这一结论与现有的研究成果一致：在存在薪酬管制的国有企业，在职消费是一种隐性激励，而非代理成本。在薪酬契约相对市场化的非国有企业，在职消费并不存在激励效应（姜付秀和黄继承，2011），它更加反映了管理层的代理成本。

本章的结论有效地补充和拓展了新近有关所得税规避的代理理论的研究，揭示了所得税规避对权益代理成本的影响，有助于我们更好认识所得税规避的经济后果，以及所得税规避对公司价值影响的中介传导机制。这些发现对于改善内部委托代理问题、抑制企业的所得税规避行为都具有重要启示。

80

第 5 章

所得税规避与大股东掏空

5.1 ———————— 制度背景与研究假说 ————————

5.1.1 中国制度背景下大股东掏空的相关研究

大股东[①]侵害中小股东利益的现象在全世界范围内都非常普遍，Johnson et al.（2000）将这种行为形象地称为"掏空"，即通过"地下隧道"转移企业资产之意。

现有文献对大股东掏空中小股东的问题进行了详尽的研究。这些文献大致可以分为两类：第一类文献为大股东掏空提供了间接的证据。Bertrand et al.（2002）构建了一个探寻大股东掏空行为的一般模型。其基本原理是，在企业集团内，当大股东持股比例较低的企业产生意外回报（shock）时，如果大股东持股比例较高的企业也会产生意外回报，而反之却不会发生。这就表明，大股东会在集团内部将利润从大股东持股比例较低的企业转移至大股东持股比例较高的企业，即会发生大股东掏空企业的行为。采用印度企业集团的数据，他们的预测得到了证实。Claessens et al.

---

① 如无特殊说明，这里的大股东就是指控股股东，或最终控制人。此外，我们在行文过程中，可能会交替使用这几个名词。

（2002）则使用大股东现金流权和控制权的分离程度作为掏空可能性的代理变量，发现大股东的两权分离程度越高，企业价值越低。第二类文献则为大股东的掏空提供了较为直接的证据。La Porta et al.（2000）和 Faccio et al.（2001）都发现，上市公司现金股利的发放程度与大股东的掏空紧密相关，而有效的投资者保护则可以缓解大股东掏空的程度。Bae et al.（2002）和 Baek et al.（2006）使用韩国企业集团的数据发现，控股股东可以利用企业集团内部、各企业之间的兼并和私人证券发行来掏空上市公司。此外，关联交易也是大股东掏空企业的一种方式（Cheung et al., 2006）。

那么，大股东掏空企业的现象在中国是否存在？其又是如何体现的呢？基于中国上市公司的研究得到了丰富而又有趣的结论。这些研究也可以大致分为两类：一类研究沿袭 Claessens et al.（2002）的方法，间接证明了大股东掏空现象的存在；另一类研究则直接度量了大股东的掏空。

具体来说，第一类研究中，张华等（2004）采用我国民营上市公司的数据发现，这些公司最终控制人的控制权与现金流权的分离程度比东亚地区其他国家的公司更为严重，且这种两权分离造成了企业价值的下降，这与 Claessens et al.（2002）的结论一致。王鹏和周黎安（2006）、冯旭南等（2011）都得到了同样的结论。

第二类研究中，文献大都采用大股东占用上市公司的资金规模作为大股东掏空的直接度量。根据上海和深圳证券交易所的统计数据表明，截止到 2005 年 12 月 31 日，我国证券市场上共有 401 家上市公司存在大股东占用上市公司资金的行为。资金占用的总规模达到了 449.04 亿元。为了抑制大股东的这一掏空行为，2003 年 8 月，证监会和国资委联合发布《关于规范上市公司与关联方资金往来及上市公司对外担保若干问题的通知》。2004 年 1 月 31 日，国务院发布了《关于推进资本市场改革开放和稳定发展的若干意见》，明确表明："规范控股股东行为，对损害上市公司和中小股东利益的控股股东进行责任追究。"在国务院这一文件的指引之下，证监会也发布了一系列规范大股东行为的部门规章。例如，证监会在 2005 年 11 月 2 日发布了《关于提高上市公司质量的意见》，这一文件特别强调："……严禁侵占上市公司资金，坚决遏制违规对外担保。控股股东或实际控制人不得以向上市公司借款、由上市公司提供担保、代偿债务、代垫款项等各种名目侵占上市公司资金。对已经侵占的资金，控股股东尤其是国有控股股东或实际控制人要针对不同情况，采取现金清偿、红利抵债、以股抵债、以资抵债等方式，加快偿还速度，务必在 2006 年年底前偿还完毕……"进一步地，2006 年 11 月，证监会、公安部等八部委发布通知，要求上市公司的资金占用方尽快完成清欠，对拒不清欠的占用方将提起诉讼，追究其法律责任。至此，大股东占用上市公司资金的行为才告终结。那么，采用资金占用来度量大股东掏空的文献有何发现呢？

李增泉等（2004）首次采用控股股东占用上市公司的资金直接度量了大股东的掏空，并发现所有权安排是影响大股东掏空的重要原因。具体而言，大股东的持股比例与掏空呈倒 U 型关系，而股权制衡度可以降低大股东的掏空程度。此外，当上市公司被企业集团控制，或控股股东为国有时，掏空程度更为严重。接下来的研究探讨了其他影响大股东掏空的因素。王琨和肖星（2005）发现，机构投资者持股可以有效降低大股东对上市公司的资金占用。高雷等（2006）全面考察了包括内部机制和外部机制在内的两类公司治理机制对大股东掏空的影响。他们发现，股权集中、管理层持股、集团控股和信息披露这几种公司内部治理机制可以约束大股东的掏空，而投资者保护和产品市场竞争这两种外部治理机制则可以有效抑制大股东的掏空。邓建平等（2007a；2007b）发现，国有企业的改制模式是影响大股东掏空的重要原因。相比那些完整改制的公司，未完整改制的公司的大股东更有可能在其上市后对其进行掏空。罗党论和唐清泉（2007）研究了企业所在地区的市场环境对大股东掏空行为的影响。他们发现，政府干预越少、金融市场越发达的地区，大股东越不会掏空企业。叶康涛等（2007）考察了独立董事的引入是否可以有效抑制大股东的掏空。他们认为，以前的文献之所以没有发现独立董事对大股东掏空的抑制作用，是因为他们没有考虑独立董事变量的内生性问题。在采用工具变量控制独立董事变量的内生性之后，他们发现，独立董事的比重和独立董事的人数均与大股东掏空显著负相关。王克敏等（2009）发现，公司的信息透明度越高，大股东掏空中小股东的可能性越低。

还有一部分文献考察了大股东掏空行为的经济后果。佟岩和王化成

（2007）研究了大股东的控制权私有收益对盈余质量的影响。他们发现，当控股股东的持股比例低于50%时，控制权私有收益的实现会降低企业的盈余质量，而当控股股东的持股比例高于50%时，则会出现相反的结论。姜国华和岳衡（2005）采用资金占用衡量大股东的掏空，发现大股东的掏空对公司经营造成了显著的负面影响。资金占用最多的公司在未来一年的超额投资回报仅为−3.12%，而资金占用最少的公司则为6.48%。岳衡（2006）以及高强和伍利娜（2007）则研究了大股东掏空的审计后果。其中，岳衡发现，大股东对上市公司的资金占用加大了审计师出示非标准审计意见的概率。然而，审计师意见并没能发挥审计监督作用。被审计师出具了非标准审计意见的公司，大股东掏空的现象更加持续。高强和伍利娜则发现，大股东资金占用越严重的公司，越倾向于选择高质量的审计师。王良成等（2010）的研究角度较为新颖。他们发现，大股东的掏空而非盈余管理是影响上市公司配股后真实业绩下滑的主要原因。Wang and Xiao（2011）则考察了大股东掏空对经理人薪酬契约的影响。他们发现，大股东掏空越严重的企业，经理人薪酬与业绩的敏感性越低。Jiang et al.（2010）则全面考察了大股东掏空对投资者利益的损害，以及如何有效抑制大股东的掏空。这有效地补充了大股东掏空的国际证据，将中国的经验研究推向了国际。

可以看出，大股东掏空企业的现象在中国非常普遍，且掏空数额非常巨大。在2006年之前，大股东的掏空甚至可以说是明目张胆。那么，企业的所得税规避行为是否起到了推波助澜的作用呢？现有的研究并未给出经验证据。

5.1.2 研究假说

1.所得税规避与大股东的掏空

Desai et al.（2007）构建了一个关于"内部人−外部人−政府"三方博弈的公司治理分析框架。他们认为，由于政府对企业税前收入具有索取权，所以事实上，它是其辖区内所有企业最大的小股东。从而，政府理应成为公司治理分析框架的一部分。如果将内部人视为企业的大股东，而将外部人视为企业的小股东，那么这一分析框架就如图5−1所示。在这一框架内，任何两者之间的关系都会存在溢出效应，从而对第三者产生影响。

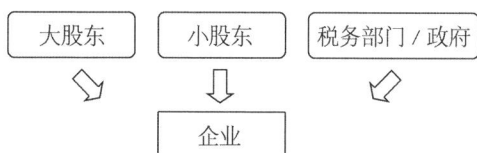

图 5-1　Desai et al.（2007）的"大股东-小股东-政府"的理论分析框架

他们认为，大股东和政府之间的关系会影响到小股东的利益。具体来说，企业的所得税规避行为与大股东对小股东的侵占有着一致性[①]。这是因为，企业的所得税规避行为都比较隐蔽，经常需要通过构造非常复杂的交易或者通过利润转移的方式来实现。而且，所得税规避经常伴随着企业对会计盈余的操纵（Frank et al., 2009）。当大股东和小股东利益不一致时，大股东会利用这一机会从事自利行为，获取控制权私有收益。因此，所得税规避行为会引发大股东对小股东的掏空。

大股东和政府之间的关系还会从另一方面影响小股东的利益：当政府加强对大股东的税收征管强度时，大股东的所得税规避行为会下降，与所得税规避行为相伴的掏空行为也会被抑制。此时，尽管税收征管会提高企业的所得税支出，但也降低了大股东的掏空，这使得税收征管最终提高了企业价值，保障了小股东的利益。这一观点也得到了实证研究的支持（Dyck and Zingales, 2004; Desai et al., 2007; Xu et al., 2011; Mironov, 2013）[②]。

值得一提的是，最近被 *Journal of Finance* 接收的 Mironov（2013）这篇文章采用俄罗斯企业的数据发现，企业意在降低所得税税负的利润转移行为并没有提高企业业绩，反而降低了企业业绩。他认为，这可能源于与利润转移行为紧密相伴的大股东或经理人的掏空行为。在单独分析一部分不太可能发生掏空行为的样本企业时，他发现上述的负向关系不存在了。这篇文章是对所得税规避会导致掏空行为的又一力证。基于此，我们提出本章的第一个研究假说：

---

① 所得税规避是大股东和政府之间的行为，它会影响大股东对小股东的利益侵占，即影响小股东的利益。
② 还有一部分文献从其他角度验证了税收征管的公司治理作用。Guedhami and Pittman（2008）和 El Ghoul et al.（2011）分别发现税收征管可以降低企业的债务融资成本和权益资本成本。Hanlon et al.（2014）、叶康涛和刘行（2011）发现税收征管可以提高企业的盈余质量。

H1：在其他条件不变的情况下，企业的所得税规避程度越高，大股东掏空企业的程度也就越严重。

2. 国有股权、所得税规避与大股东掏空

在 Desai et al.（2007）的模型中，他们假定，税务部门在发挥税收征管功能时，会对大股东进行监管，从而保护小股东的利益。也就是说，税务部门和大股东的利益是冲突的。然而，这一假定在中国并不适用。在我国，上市公司中有一大半都是政府控股的国有企业。在国有企业中，政府事实上就是大股东，而非小股东。因此，政府和大股东的利益一致成为可能（如图5-2所示）。

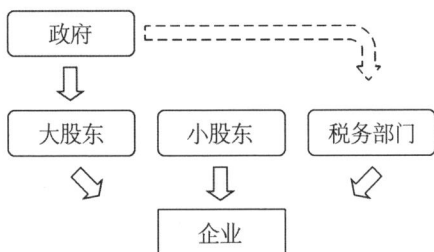

图5-2　基于国有企业的修正的 Desai et al.（2007）模型

在政府和大股东利益一致的情况下，大股东通过多缴税就可以实现掏空企业的目的（Lo et al.，2010）。此时，大股东通过所得税规避来进行利润转移，从而获取私有收益的动机会被显著弱化。因此，研究假说1在国有企业的效力会被显著削弱。基于此，我们提出本章的第二个研究假说：

H2：在其他条件不变的情况下，所得税规避与大股东掏空的正相关关系在国有企业会显著弱化。

3. 大股东控制、所得税规避与大股东掏空

Jiang et al.（2010）发现，大股东持股比例越高的企业，掏空程度越低。这是因为大股东的持股比例越高，其与小股东的利益越一致，掏空成本也越高。与之一致，我们认为，大股东的持股比例越高，所得税规避所引发的大股东掏空程度也会越低。举例说明，假设大股东拥有企业100%的股权，此时，大股东进行所得税规避行为的动机会非常纯粹。因为他每规避1单位所得税，其收益将直接增加1单位（在不考虑税务部门审查和罚款的条件下）。因此，大股东利用所得税规避从事掏空行为的动机会很弱。然而,如果大股东仅仅拥有企业30%的股权,那么他每规避1单位所得税,其收益只能增加0.3个单位。然而,如果他通过所得税规避开展掏空活动,掏空所得将完全归其所有。此时,大股东利用所得税规避从事掏空行为的动机显然会更强。

与之类似的研究是Mironov(2013)所做的研究。他发现,当经理人同时也是企业的所有者时,所得税规避所带来的价值毁损效应会显著降低。这是因为这类企业所得税规避的动机同样非常纯粹,即仅仅是为了规避所得税税负,而非寻求私有收益。综合这些分析,我们提出本章的第三个研究假说:

H3:在其他条件不变的情况下,大股东的高持股会显著降低所得税规避与大股东掏空的正向关系。

5.2 研究设计

5.2.1 实证模型

虽然我们的理论分析表明,所得税规避活动会加剧大股东的掏空行为。但是,已有的研究发现,大股东的掏空行为也会影响企业的所得税规避程度。例如,Desai et al.(2007)发现,大股东控制权私有收益越高,所得税规避程度越高。此外,因为大股东的掏空行为往往会降低企业的信息透明度(Gopalan and Jayaraman,2012),这会为企业的所得税规避行为提供便利。因此,所得税规避行为和大股东掏空存在着互为因果的关系。基于此,我们构建了一个所得税规避和大股东掏空的联立方程模型来检验本章的研究假说。Rego and Wilson(2012)在研究高管的权益风险激励对税收规避的影响时,也采用了联立方程模型。因此,这一方法也得到了主流文献的认可。具体而言,联立方程模型如下:

$$ORECTA_{i,t} = \alpha_0 + \alpha_1 TA_{i,t} + \alpha_2 SIZE_{i,t} + \alpha_3 ROA_{i,t} + \alpha_4 LEV_{i,t} + \alpha_5 MB_{i,t} + \alpha_6 TOP1_{i,t} +$$
$$\alpha_7 TOP2\_5_{i,t} + \alpha_8 NTRATIO_{i,t} + \alpha_9 STATE_{i,t} + \alpha_{10} OUTRATIO_{i,t} +$$
$$\alpha_{11} DUAL_{i,t} + \alpha_{12} AGE_{i,t} + YEAR + INDUSTRY + \varepsilon_1 \tag{5-1}$$

$$TA_{i,t} = \beta_0 + \beta_1 ORECTA_{i,t} + \beta_2 SIZE_{i,t} + \beta_3 ROA_{i,t} + \beta_4 LEV_{i,t} + \beta_5 MB_{i,t} + \beta_6 STATE_{i,t} +$$

$$\beta_7 PPE_{i,t} + \beta_8 INTANG_{i,t} + \beta_9 EQINC_{i,t} + \beta_{10} INVENT_{i,t} + \beta_{11} LOSS_{i,t} +$$

$$\beta_{12} SDROA_{i,t} + \beta_{13} TE_{i,t} + YEAR + INDUSTRY + AREA + \varepsilon_2 \qquad (5\text{-}2)$$

为了检验本章的第一个研究假说，我们采用三阶段最小二乘法（3SLS）对上述联立方程模型进行估计[①]。在模型估计过程中，我们主要关注α_1的符号及其显著性。如果α_1显著为正，则说明企业的所得税规避程度越高，大股东的掏空行为也越严重。为了检验研究假说 2 和研究假说 3，我们只需在模型（5-1）中分别加入国有股权和大股东控制权的代理变量与 TA 的交互项即可。

5.2.2 变量定义

1.大股东的掏空（ORECTA）

借鉴 Jiang et al.（2010），我们采用其他应收款净额占总资产的比重衡量大股东的掏空程度。虽然现有的大量文献主要采用大股东的资金占用程度作为大股东掏空的衡量指标，但是姜国华和岳衡（2005）以及 Jiang et al.（2010）发现，如果当年度公司存在大股东占用资金的情况的话，那么大股东的资金占用是其他应收款的重要组成部分。而且，大股东占用资金的时间长，还款难度大，这使得大股东的资金占用在年度间变化较小。因此，直接采用其他应收款来衡量大股东的资金占用是合适的。

2.所得税规避（TA）

沿用第 4 章的做法，我们仍然采用四个变量来刻画企业的所得税规避程度，分别是名义所得税率与实际所得税率的差额（RATE_DIFF）、RATE_DIFF 的 5 年平均值（LRATE_DIFF）、会计-税收差异（BTD）和扣除应计利润影响之后的会计-税收差异（DDBTD）。

3.大股东掏空模型的控制变量

借鉴李增泉等（2004）、叶康涛等（2007）和 Jiang et al.（2010），我们控制了如下可能影响大股东掏空的变量：企业规模（SIZE），它等于当年销售收入的自然对数；业绩水平（ROA），它等于净利润除以期末总资产；负债程度（LEV），它等于总负债除以总资产；成长性（MB），它等于市场价值除以账面价值；第一大股东的持股比例（TOP1）；第二到第

---

① 采用两阶段最小二乘法的结果同样支持本章的研究假说。

五大股东的持股比例之和（TOP2_5）；非流通股股份所占的比重（NTRATIO）；是否国有控股（STATE），当最终控制人为国有时，STATE取1，否则为0；独立董事的比重（OUTRATIO），它等于独立董事的人数除以董事总人数；是否两职合一（DUAL），当公司的董事长和总经理为一人时，DUAL取1，否则为0；公司年龄（AGE）。最后，我们还控制了年度和行业效应。

4.所得税规避模型的控制变量

为了确保联立方程可解，我们同样需要在所得税规避模型中加入有关外生解释变量。除控制公司规模（SIZE）、业绩水平（ROA）、负债率（LEV）、公司的成长性（MB）以及产权性质（STATE）这些同样可能影响大股东掏空的变量之外，我们借鉴吴文锋等（2009）、吴联生（2009）、Chen et al.（2010）、Rego and Wilson（2012）以及Hoopes et al.（2012），我们还控制了如下变量：公司资本密集度（PPE），它等于公司期末固定资产占期末总资产的比重。公司的资本密集度越高，将有更多的空间采用不同的固定资产折旧方法等，从而，这类公司更可能有较低的所得税成本。因此，我们预期PPE的系数符号为正。无形资产比例（INTANG），它等于期末无形资产除以期末总资产。无形资产越多的企业，研发支出可能越多，因为研发支出具有抵税作用，我们预测INTANG的系数符号为正。由于公司投资收益往往已经在被投资公司处缴纳所得税，因此投资收益往往不需要再缴税，即投资收益越高，企业实际所得税税率越低。为此，我们也加入了投资收益变量（EQINC），其计算方法为公司年末投资收益除以年末总资产。我们预测EQINC的系数符号为正。存货密集度（INVENT），它等于年末存货净值占总资产的比重。由于上年亏损可以抵免当年税前利润，我们也加入了上年亏损变量（LOSS）。当公司上一年度的净利润小于0时，LOSS取1，否则为0。我们预测LOSS的系数符号为正。业绩的波动性（SDROA），它等于企业 t−2 年至 t 年ROA的标准差。业绩波动越大的企业，越有可能从事税收规避行为，因此我们预期SDROA的系数为正。税收征管强度（TE），一般而言，企业所在地区的税收征管强度越高，所得税规避的风险会越大，从而规避程度会越低。借鉴周黎安等（2011），我们采用各地区税务稽查部门上报的查实率作为税收征管强度的度量。这一指标可以避免以往研究在指标构造中利用税收数据而产生的内生性问题[①]。我国的税收政策存在较强的区域差异,为了控制这一影响,借鉴吴文锋等(2009),我们把样本公司分为五个地区[②],设置了四个地区的虚拟变量。最后,我们同样控制了年度和行业效应。

5.2.3 样本选择

本章的样本区间为1999年至2005年。之所以选择1999年作为研究起点,主要基于两个方面的考虑:(1)在计算所得税规避指标LRATE_DIFF时,需要用到样本公司第t-4年至第t年的数据。所以,所得税规避指标的计算数据需要延伸至1995年。而在1994年,我国进行了"分税制"改革,将企业所得税的基准税率确定为33%。这次税制改革是新中国成立以来最大的一次税制改革,它使得我国的税收征管环境也发生了巨大变化。(2)产权性质、第一大股东的持股比例等变量的披露自1999年开始才能从数据库中获得。因此,本章最终确定1999年作为研究起点。至于选择2005年样本终结点的原因则在于:在制度背景部分阐述道,我国证券监管部门要求上市公司的大股东在2006年年底之前必须清欠所有资金占用。因此,2006年及以后上市公司的其他应收款账户中很少包括有大股东的资金占用,从而继续采用这一指标来衡量大股东的掏空便不再合适。

综合考虑,本章最后确定样本期间为1999—2005年。在此基础上,我们剔除了税前利润小于0的样本,因为这部分样本会使得所得税规避指标的计算出现偏误。我们还进一步剔除了金融行业和数据缺失的样本。此外,因为所得税规避指标LRATE_DIFF的计算需要跨度为5年的数据,这会损失大量样本。因此,在实际计算过程中,当上市公司没有持续5年的数据时,我们要求上市公司至少有持续3年的数据。

最后,因为我们分别使用了多种替代变量来刻画企业的所得税规避程度,为了保证研究结论能够有较大的普适性,我们在回归过程中所使用的

---

① 由于数据的可得性,我们只能获取2003—2007年的税收稽查数据。考虑到各地区的税收稽查力度在年度间变动较小,税收征管强度取2003—2007年查实率的平均值。此外,感谢周黎安教授慷慨地提供了这一数据。

② 详见吴文锋等(2009)。

观测值数量将取决于具体使用的研究指标，这导致不同回归模型的样本量有略微差异。为了剔除异常值影响，我们对模型中的连续变量在1%和99%的水平上进行了缩尾处理。本章的样本构成见表5-1：样本总额为5 547，国有控股公司的比重达到了78%。

表5-1　　　　　　　　　　样本的构成情况表

年度	国有控股	非国有控股	合计
1999	478	86	564
2000	571	114	685
2001	620	133	753
2002	641	163	804
2003	692	206	898
2004	685	243	928
2005	655	260	915
合计	4 342	1 205	5 547

5.3 ——————— 描述性统计与实证检验 ———————

5.3.1　描述性统计

我们在表5-2中列示了所有变量的描述性统计结果。除LRATE_DIFF的观测值为4 363外，其他变量的观测值均为5 547。ORECTA的平均值为0.06，这略低于Jiang et al.（2010）报告的0.08，这是由于它们的样本期间为1996—2004年，而1996—1998年的资金占用情况可能较之以后年度严重。四个所得税规避指标的描述性统计结果与前几章大体一致，就不再一一介绍。TE的平均值为0.6，而标准差为0.14，这说明各地区税务部门的稽查力度有较大差异。

表 5-2 描述性统计

变量名称	观测值	平均值	标准差	中位数
ORECTA	5 547	0.0612	0.0790	0.0352
RATE_DIFF	5 547	−0.0071	0.1655	0.0019
LRATE_DIFF	4 363	0.0044	0.1114	0.0039
BTD	5 547	0.0022	0.0343	0.0005
DDBTD	5 547	−0.0003	0.0339	−0.0018
SIZE	5 547	20.4719	1.2024	20.3872
ROA	5 547	0.0425	0.0324	0.0370
LEV	5 547	0.4550	0.1696	0.4597
MB	5 547	1.3538	0.4714	1.2072
TOP1	5 547	0.4349	0.1707	0.4252
TOP2_5	5 547	0.1516	0.1265	0.1211
NTRATIO	5 547	0.6032	0.1259	0.6233
STATE	5 547	0.7828	0.4124	1.0000
OUTRATIO	5 547	0.2140	0.1565	0.2857
DUAL	5 547	0.1264	0.3323	0.0000
AGE	5 547	8.9301	3.5604	9.0000
PPE	5 547	0.2974	0.1742	0.2718
INTANG	5 547	0.0326	0.0438	0.0182
INVENT	5 547	0.1518	0.1309	0.1211
EQINC	5 547	0.0059	0.0139	0.0012
LOSS	5 547	0.0559	0.2297	0.0000
SDROA	5 547	0.0214	0.0283	0.0130
TE	5 547	0.5973	0.1368	0.6297

5.3.2　第一个研究假说的实证检验结果

表 5-3 列示了第一个研究假说的实证检验结果。联立方程模型的回归结果显示，四个所得税规避指标的回归系数分别为 0.387、0.733、1.529 和1.552，系数的符号均与预期一致。更为重要的是，这四个变量的回归系数均在 1%的置信水平显著（t 值分别为 7.64、10.88、9.95 和 9.76）。这有力地支持了本章的第一个研究假说：企业的所得税规避行为会加剧大股东对小股东的掏空。这说明大股东利用所得税规避来掏空企业的现象在中国同样存在。

表 5-3　　　　　　　所得税规避与大股东掏空的实证检验结果

因变量→ 自变量↓	ORECTA		ORECTA		ORECTA		ORECTA	
	系数	t值	系数	t值	系数	t值	系数	t值
RATE_DIFF	0.387***	7.64	—	—	—	—	—	—
LRATE_DIFF	—	—	0.733***	10.88	—	—	—	—
BTD	—	—	—	—	1.529***	9.95	—	—
DDBTD	—	—	—	—	—	—	1.552***	9.76
SIZE	−0.010***	−6.42	−0.011***	−5.85	−0.010***	−7.09	−0.010***	−7.38
ROA	−0.973***	−10.38	−0.799***	−10.60	−0.888***	−12.99	−0.881***	−12.83
LEV	0.049***	5.17	0.044***	3.81	0.039***	4.41	0.040***	4.47
MB	0.011***	2.72	0.005	1.02	0.006*	1.65	0.006*	1.75
TOP1	0.020*	1.85	0.009	0.73	0.024**	1.97	0.023*	1.92
TOP2_5	0.020*	1.67	0.010	0.81	0.024*	1.87	0.023*	1.84
NTRATIO	−0.024**	−2.15	−0.015	−1.26	−0.025**	−2.11	−0.024**	−2.05
STATE	0.007**	1.97	0.010**	2.37	0.007**	2.42	0.007**	2.39
OUTRATIO	−0.018	−1.34	−0.019	−1.25	−0.021	−1.45	−0.020	−1.37
DUAL	0.002	0.70	0.002	0.58	0.002	0.68	0.002	0.65
AGE	0.002***	5.49	0.001**	2.44	0.002***	5.96	0.002***	5.76

因变量→ 自变量↓	RATE_DIFF		LRATE_DIFF		BTD		DDBTD	
	系数	t值	系数	t值	系数	t值	系数	t值
ORECTA	0.221	0.77	0.395	1.46	0.008	0.14	0.025	0.45
SIZE	-0.003	-0.84	0.002	0.57	-0.001**	-1.96	-0.001	-1.31
ROA	1.521***	9.82	0.697***	5.39	0.292***	9.38	0.292***	9.44
LEV	0.040	1.61	0.009	0.40	0.020***	3.96	0.018***	3.63
MB	-0.020***	-3.09	-0.006	-1.22	-0.002	-1.16	-0.002	-1.36
STATE	-0.015***	-2.71	-0.013***	-2.98	-0.005***	-4.36	-0.005***	-4.25
PPE	-0.107***	-3.25	-0.057*	-1.77	-0.022***	-3.32	-0.020***	-2.96
INTANG	-0.122***	-3.02	-0.043	-1.25	-0.023**	-2.44	-0.019**	-2.16
INVENT	-0.186***	-4.62	-0.099***	-2.71	-0.042***	-5.13	-0.042***	-5.16
EQINC	0.834***	5.54	0.366***	4.01	0.358***	10.58	0.330***	9.98
LOSS	0.035***	3.12	0.026***	2.63	0.004	1.48	0.004*	1.66
SDROA	0.508***	3.97	0.341***	2.72	0.137***	5.00	0.130***	4.84
TE	-0.047***	-2.82	-0.017	-1.26	-0.009**	-2.51	-0.009**	-2.40
N	5 547		4 363		5 547		5 547	

注：***、**和*分别表示回归系数在1%、5%和10%水平显著。为了简便，我们未报告截距项、年度虚拟变量、行业虚拟变量和地区虚拟变量的回归结果。

我们再来看其他变量的回归结果。在大股东掏空的模型中，SIZE的回归系数显著为负，这说明规模越大的企业，大股东掏空的程度越低。ROA的回归系数显著为负，这说明业绩较好的企业不太可能出现大股东掏空企业的现象。LEV的回归系数显著为正，这说明高负债率的企业更可能出现大股东掏空。MB的回归系数显著为正，这说明大股东更有可能掏空成长性较高的企业。TOP1的回归系数为正，这与Jiang et al.（2010）的结果不一致，这可能是因为联立方程模型的回归结果与最小二乘法的回归结果存在差异[①]。此外，我们也并没有发现股权制衡度 TOP2_5 对大股东的掏空有抑制作用。国有企业的掏空程度更为严重，这与李增泉等（2004）的结论一致。独立董事的比重 OUTRATIO 并不显著，这或许源于我们未在模型中对独立董事比重的内生性予以控制（叶康涛等，2007）。最后，年龄越大的企业，越有可能出现大股东掏空企业的行为。

在所得税规避的模型中，令人惊奇的是，ORECTA 的回归系数在四个方程中均不显著。这说明在我们的模型中，大股东掏空并未对所得税规避产生影响[②]。其他变量的回归结果，除 SDROA 和 TE 外，与第 4 章的实证检验结果大体一致。SDROA 的回归系数均在 1% 的置信水平显著为正，这说明业绩波动程度越大的企业，越有可能从事所得税规避行为。这或许源于这类企业的经营风险较大，需要通过所得税规避活动来保留更多的自有资金。TE 的回归系数大部分均在 5% 的置信水平显著为负，这与我们的理论预期一致：税收部门的稽查力度越大，所得税规避程度越低。

5.3.3　第二个研究假说的实证检验结果

表 5-4 列示了第二个研究假说的实证检验结果，意在考察产权性质对所得税规避与大股东掏空之间的关系会产生何种影响。

结果显示，四个所得税规避指标的回归系数仍然都在 1% 的置信水平显著为正。我们更为关心产权性质与所得税规避的交互变量。STATE 和四个所得税规避的交互项的结果显示，回归系数的符号均为负，这与理论预期一致，且均在 1% 的置信水平显著。这说明相比非国有企业，当样本公司的最终控制人为国有时，通过所得税规避掏空企业的程度较低。这印证了本章的第二个研究假说：在其他条件不变的情况下，所得税规避与大股东掏空的正相关关系在国有企业会显著弱化。

---

① 当我们采用 Jiang et al.（2010）表 6 的模型重新对本章的样本进行回归时，我们发现 TOP1 的回归系数显著为负。

② 需要强调的一点是，虽然我们并未在实证检验结果中发现大股东掏空对所得税规避产生影响。但是，这并不意味着我们没有必要采用联立方程模型来验证本章的研究假说。因为 Desai et al.（2007）的模型表明，大股东掏空在理论上确实会对所得税规避产生影响，而且，他们的实证分析也证实了这一点。此外，还有一系列研究表明，企业的公司治理状况会显著影响其所得税规避程度（也可见后文的研究）。因此，我们认为，即便我们的实证分析未发现大股东掏空对所得税规避有影响，我们也非常有必要对此进行控制。

表5-4　　　国有股权、所得税规避与大股东掏空的实证检验结果

因变量→	ORECTA		ORECTA		ORECTA		ORECTA	
自变量↓	系数	t值	系数	t值	系数	t值	系数	t值
RATE_DIFF	1.159***	5.75	—	—	—	—	—	—
STATE*RATE_DIFF	−1.252***	−6.32	—	—	—	—	—	—
LRATE_DIFF	—	—	1.414***	7.50	—	—	—	—
STATE*LRATE_DIFF	—	—	−1.559***	−8.31	—	—	—	—
BTD	—	—	—	—	5.468***	6.10	—	—
STATE*BTD	—	—	—	—	−5.852***	−6.66	—	—
DDBTD	—	—	—	—	—	—	5.177***	6.03
STATE*DDBTD	—	—	—	—	—	—	−5.628***	−6.69
SIZE	−0.012***	−7.07	−0.018***	−11.32	−0.014***	−8.98	−0.014***	−9.60
ROA	−0.805***	−7.23	−0.592***	−8.62	−0.931***	−7.71	−0.871***	−7.72
LEV	0.047***	4.00	0.080***	7.85	0.041***	3.48	0.046***	4.14
MB	0.011**	2.37	0.012**	2.70	−0.002	−0.53	−0.001	−0.19
TOP1	0.060***	3.32	0.053***	3.22	0.066***	3.90	0.061***	3.89
TOP2_5	0.067***	3.36	0.066***	3.66	0.053***	3.02	0.049***	3.01
NTRATIO	−0.022	−1.25	0.001	0.07	−0.039**	−2.44	−0.033**	−2.27
STATE	0.009**	2.11	0.029***	5.37	0.039***	5.45	0.021***	4.32
OUTRATIO	−0.025	−1.17	0.003	0.18	−0.017	−0.87	−0.015	−0.84
DUAL	0.002	0.60	0.002	0.64	0.003	0.93	0.004	1.11
AGE	0.002***	4.09	0.001*	1.92	0.002***	5.24	0.002***	4.71
N	5 547		4 363		5 547		5 547	

注：***、**和*分别表示回归系数在1%、5%和10%水平显著。为了简便，我们未报告截距项、年度虚拟变量和行业虚拟变量的回归结果，我们仅报告了联立方程回归中大股东掏空模型的回归结果。所得税规避模型的回归结果与表5-3基本一致，就不再报告。

5.3.4　第三个研究假说的实证检验结果

表5-5列示了第三个研究假说的实证检验结果，意在考察大股东持股对所得税规避与大股东掏空之间的关系会产生何种影响。

表 5-5　　大股东控制、所得税规避与大股东掏空的实证检验结果

因变量→	ORECTA		ORECTA		ORECTA		ORECTA	
自变量↓	系数	t值	系数	t值	系数	t值	系数	t值
RATE_DIFF	0.912***	2.91	—	—	—	—	—	—
TOP1*RATE_DIFF	-2.229***	-3.34	—	—	—	—	—	—
LRATE_DIFF	—	—	1.585***	5.08	—	—	—	—
TOP1*LRATE_DIFF	—	—	-3.735***	-5.70	—	—	—	—
BTD	—	—	—	—	11.047***	5.26	—	—
TOP1*BTD	—	—	—	—	-22.226***	-5.45	—	—
DDBTD	—	—	—	—	—	—	10.922***	5.44
TOP1*DDBTD	—	—	—	—	—	—	-22.085***	-5.67
SIZE	-0.015***	-10.63	-0.019***	-12.20	-0.010***	-4.06	-0.010***	-4.07
ROA	-0.346***	-4.84	-0.325***	-5.84	-0.865***	-6.26	-0.842***	-6.41
LEV	0.095***	10.54	0.116***	11.32	0.066***	4.64	0.067***	4.83
MB	0.005	1.43	0.008*	1.92	-0.003	-0.42	-0.000	-0.04
TOP1	0.021	1.52	0.072***	4.03	0.104***	3.73	0.042*	1.80
TOP2_5	0.027*	1.81	0.056***	3.17	0.020	0.75	0.016	0.63
NTRATIO	-0.029**	-2.03	-0.041***	-2.60	-0.051**	-2.08	-0.043*	-1.86
STATE	0.002	0.47	0.002	0.64	0.015**	2.49	0.014**	2.45
OUTRATIO	-0.035*	-1.89	0.013	0.70	-0.036	-1.21	-0.034	-1.21
DUAL	0.003	0.79	0.001	0.17	0.008	1.33	0.008	1.38
AGE	0.001	1.29	-0.001*	-1.82	0.002**	2.40	0.001*	1.95
N	5 547		4 363		5 547		5 547	

注：***、**和*分别表示回归系数在1%、5%和10%水平显著。为了简便，我们未报告截距项、年度虚拟变量和行业虚拟变量的回归结果，我们仅报告了联立方程回归中大股东掏空模型的回归结果。所得税规避模型的回归结果与表5-3基本一致，就不再报告。

表5-5的结果显示，四个所得税规避指标的回归系数均在1%的置信水平显著为正。TOP1和四个所得税规避指标的交互项的结果则显示，它们的回归系数均在1%的置信水平显著为负，这与理论预期一致。这说明，当上市公司大股东的持股比例越高时，其通过所得税规避掏空企业的动机会被显著弱化。这印证了本章的第三个研究假说：在其他条件不变的情况下，大股东的高持股会显著降低所得税规避和大股东掏空的正向关系。

总之，上述实证检验结果有力地支持了本章的三个研究假说。

5.3.5 稳健性测试

1.进一步精简样本

在上面的分析中，我们只是剔除了税前利润小于0的样本。然而，一些相关的研究会将实际所得税税率小于0和大于1的观测值作为异常值予以剔除（吴联生，2009；Chen et al.，2010）。因为一般而言，企业的实际所得税税率不可能小于0（即所得税费用小于0），也不大可能大于1（即所得税费用大于应纳税所得）。为此，遵照这一剔除程序，我们将实际所得税税率小于0和大于1的样本予以了剔除，并对新样本重新进行了回归。回归结果列示在表5-6中。

表5-6　　　　　　　　稳健性测试的回归结果

研究假说1				
	(1)	(2)	(3)	(4)
RATE_DIFF	0.364***	—	—	—
	(7.71)	—	—	—
LRATE_DIFF	—	0.770***	—	—
	—	(11.37)	—	—
BTD	—	—	1.404***	—
	—	—	(9.26)	—
DDBTD	—	—	—	1.430***
	—	—	—	(9.10)
其他变量	Yes	Yes	Yes	Yes
研究假说2				
	(1)	(2)	(3)	(4)
STATE*RATE_DIFF	−1.316***	—	—	—
	(−6.24)	—	—	—
STATE*LRATE_DIFF	—	−1.989***	—	—
	—	(−8.94)	—	—
STATE*BTD	—	—	−5.469***	—
	—	—	(−6.38)	—
STATE*DDBTD	—	—	—	−5.477***
	—	—	—	(−6.55)
其他变量	Yes	Yes	Yes	Yes

研究假说3				
	(1)	(2)	(3)	(4)
TOP1*RATE_DIFF	−3.334***	—	—	—
	(−4.58)	—	—	—
TOP1*LRATE_DIFF	—	−4.133***	—	—
	—	(−6.07)	—	—
TOP1*BTD	—	—	−23.552***	—
	—	—	(−4.83)	—
TOP1*DDBTD	—	—	—	−23.489***
	—	—	—	(−5.09)
其他变量	Yes	Yes	Yes	Yes
N	5 381	4 222	5 381	5 381

注：***、**和*分别表示回归系数在1%、5%和10%水平显著。为了简便，我们仅报告了联立方程回归中大股东掏空模型的回归结果，而且，我们只是选取重点关注的变量的回归结果进行报告。

2.构建所得税规避程度的综合指标

与第4章的做法一致，我们对四个所得税规避指标进行了主成分分析，并取第一主成分综合衡量企业的所得税规避程度，即 TA_INDEX。我们采用这一指标对三个研究假说重新进行了回归。未报告的回归结果显示，在检验第一个研究假说时，TA_INDEX 的回归系数为0.037，在1%的置信水平显著（t值=9.71）；在检验第二个研究假说时，TA_INDEX 的回归系数仍然在1%的置信水平显著为正，而 STATE*TA_INDEX 的回归系数等于−0.098，在1%的置信水平显著（t值=−6.56）；在检验第三个研究假说时，TA_INDEX 的回归系数同样在1%的置信水平显著为正，而 TOP1*TA_INDEX 的回归系数等于−0.388，也在1%的置信水平显著（t值=−6.56）。因此，采用这个综合指标的结果仍然支持本章的研究假说。

综合来看，本章的研究结论是稳健的。

5.3.6　对研究结论的一点讨论

在这一章，考虑到大股东掏空的度量问题，我们选取了1999—2005年作为样本期间。那么，这是不是就意味着这一章的结论只是适用于

2006年以前，而在现在没有指导意义呢？我们认为答案是否定的。

首先，实证研究的目的在于印证理论分析。有些时候，实证研究会受到数据的限制，这导致实证研究的样本可能并不是最新的。但这并不妨碍理论分析的普适性。其次，虽然大股东占用上市公司资金的现象在2006年以后基本消失，但是大股东掏空企业的现象并没有消失。按照姜国华等发表在*Journal of Financial Economics*上那篇文章的看法（Jiang et al.，2010），只要大股东控制企业的现象不改变，以及中国投资者保护实践不进一步发展，大股东还会通过其他途径来掏空上市公司，只是这些手段更加隐蔽，从而不好度量罢了。因此，虽然我们的研究样本是在2006年之前，但是这并不意味着研究结论在现在不适用，只是大股东掏空的方式产生了变化而已。

5.4　　　　本章小结

大股东是否会通过所得税规避来从事掏空企业的行为呢？虽然现有的研究给出了一些经验证据，但是这些研究并未能够直接度量大股东的掏空程度（Desai et al.，2007；　Mironov，2013）。而且，这一结论是否适用于中国，也不得而知。广泛存在的国有企业，也使得现有的理论分析框架在应用于中国时，需要重新修正。此外，大股东控制是否会影响所得税规避和大股东掏空之间的关系呢？这些问题都没有得到很好的回答。

基于此，我们在这一章试图对上述问题进行回答。采用我国上市公司1999—2005年的数据，我们利用其他应收款净额与总资产的比重对大股东的掏空进行了直接的度量，并实证考察了所得税规避对大股东掏空的影响。联立方程模型的回归结果显示，企业的所得税规避行为确实加剧了大股东对企业的掏空。进一步地，我们发现，当上市公司的最终控制人为国有时，所得税规避与大股东掏空的正相关关系会显著弱化。这是因为国有企业的大股东与政府部门的利益存在一致性，从而国有企业的大股东通过多向政府部门缴纳税负就可以达到掏空企业的目的。这客观上降低了大股东通过所得税规避去占用上市公司资金的需求。我们还发现，大股东的持股比例越高，所得税规避与大股东掏空的正相关关系越弱。这是因为高持股使大股东和小股东的利益更加一致，大股东通过所得税规避掏空企业的成本会显著增加。

这一章的结论有效地拓展了现有的实证研究，而且通过对现有理论模型的修正，研究结论更好地符合了中国的现实。此外，这一章的结论也说明，大股东对小股东的掏空是所得税规避对企业价值产生影响的重要路径，这是继上一章的结论之后，我们发现的又一重要的中介传导机制。

第 6 章

所得税规避与企业投资效率

6.1 ————————— 理论分析与研究假说 —————————

在新古典主义经济学的理想框架下，企业总能从外部募集到所需资金，且外部融资成本与内部资金成本无异。从而，投资机会成为影响投资决策的唯一因素（Modigliani and Miller，1958）。然而，在现实世界中，市场并非完全无摩擦的，从而投资决策也并非总是最优的。现有的大量研究发现，信息不对称和代理问题是影响企业投资效率的重要因素。

Myers and Majluf（1984）认为，信息不对称所导致的经理人的逆向选择和道德风险问题会影响企业的投资效率。首先，信息不对称所导致的逆向选择问题会扭曲资源配置。此时，市场难以对优质企业和劣质企业进行明显区分。这一方面使得拥有良好投资机会的企业难以获得外部融资，陷入融资约束，造成投资不足；另一方面也会使得投资机会欠佳的企业获得额外的资金，导致过度投资。其次，信息不对称所导致的道德风险问题同样会影响企业的投资效率。这是因为在信息不对称的情境下，相对于股东，经理人往往拥有更多的私有信息。这使得股东难以对经理人的投资行为进行有效监管。此时，经理人的投资决策会包含其机会主义行为，而非出于企业价值最大化或股东价值最大化的目的。当经理人试图享受"平静生活"而无所作为时，投资不足的情况便会发生（Bertrand and Mullaina-than，2003）；而当经理人谋求企业帝国的构建时，则会产生投资过度。

对于信息不对称会影响投资效率这一理论预期，大量的实证研究对此进行了支持。Biddle and Hilary（2006）采用跨国数据发现，一国企业的盈余质量越高，投资和现金流的敏感程度也就越低。Biddle et al.（2009）则采用美国上市公司层面的数据发现，相比那些盈余质量差的公司，盈余质量好的公司更不可能出现偏离正常投资水平的无法解释的极端投资组，即投资效率越高。进一步地，Chen et al.（2011b）发现，Biddle et al.（2009）的结论同样存在于新兴资本市场的非上市公司。基于中国的实证研究同样有此发现。欧阳凌等（2005）分析了我国不同股权制度安排所导致的企业不同信息状态对投资行为的影响。他们通过理论模型推导发现，股权分置制度下低质量的企业会表现出更多过度投资行为，而股权全流通制度下，企业的投资行为会达到最优。张纯和吕伟（2009）则发现，企业信息披露水平的提高及分析师对企业的跟踪，可以有效降低企业的信息不对称程度，从而提高企业的投资效率。这些证据说明，盈余质量对投资效率的影响已经被诸多研究所证明，且这一影响是非常广泛的，它并不随制度环境的变化而发生改变。

McNichols and Stubben（2008）从另外一个角度证明了信息质量对投资的重要性。他们发现，那些从事盈余管理行为的公司，同时也会过度投资，而一旦盈余管理行为消失，过度投资行为也消失了。他们认为，这是因为企业的盈余管理行为会歪曲企业对未来盈余的预期，从而影响企业的投资决策。基于中国上市公司的数据，任春艳（2012）同样发现，企业的盈余管理程度会显著降低企业未来的投资效率。

其他的证据还包括：杨继伟（2011）发现，如果企业的股票价格所富含的信息越多，则企业的投资效率越高。李万福等（2010，2011）则发现，企业增加对内部控制信息的披露，不仅可以有效降低投资不足和过度投资，还可以降低过度投资所造成的企业陷入财务危机的可能性。

总之，这些来自国内外的证据，都分别直接或者从侧面证实了 Myers and Majluf（1984）的理论预期：信息不对称会降低企业的投资效率。

代理问题也是影响投资效率的重要原因。Jensen and Meckling

103

（1976）认为，在企业所有权和经营权分离的情况下，如果所有者不能对经理人进行有效激励的话，便会恶化企业的代理问题，引发代理冲突，进而影响企业的投资效率。代理问题之所以会影响企业的投资效率，这是因为当代理冲突存在时，经理人和所有者会发生利益不一致，而这种利益不一致势必导致经理的决策偏离股东价值最大化目标。一个典型的例子就是自由现金流的过度投资现象（Jensen，1986）。当然，代理冲突同样也会引发企业投资不足。这是因为当经理人认为现行的 NPV 大于零的投资项目并不能为其带来边际收益时（虽然这一投资项目可以为股东带来边际收益），便可能会放弃 NPV 大于零的项目，引发投资不足。

对于代理问题会影响投资效率这一问题，Blanchard et al.（1994）也提供了相应的证据。他们展开了一项非常有意思的研究。具体而言，他们选择了 7 家因为赢得了诉讼而获得了一笔"意外之财"的企业，并分析经理人如何使用这笔"意外之财"。他们认为，在不存在任何代理冲突的情况下，经理人应该按照股东的利益行使。然而，事实并非如此。他们发现，经理人倾向于把这笔"意外之财"投资于典型的易失败项目，即会出现过度投资现象。因此，代理问题的存在同样会降低企业的投资效率。

既然信息不对称和代理问题两者都是影响投资效率的重要原因，那么企业的所得税规避行为是如何通过这两种途径影响企业投资效率的呢？现有的文献发现，企业的所得税规避活动会加剧公司内外部的信息不对称程度和引发代理问题，因此所得税规避活动应该会显著降低企业的投资效率。具体而言：

首先，所得税规避活动会加剧公司的信息不对称程度。Chen et al.（2011a）、Balakrishnan et al.（2012）以及吕伟等（2011）分别基于美国和中国上市公司的数据，均直接考虑了所得税规避对企业信息质量的影响。这几篇文章都发现，所得税规避活动会降低企业的信息透明度，即加剧企业的信息不对称程度。Kim et al.（2011）发现所得税规避活动还会导致企业未来股价更有可能发生暴跌。这是因为经理人利用所得税规避行为掩盖了负面消息。这从侧面证明了上述观点。

其次，所得税规避会引发代理问题。一方面，理论分析上，Chen and Chu（2005）的理论模型发现，所得税规避活动会破坏薪酬激励，从而引发代理问题。Barile（2012）采用实验研究的方法进一步佐证了Chen and Chu（2005）的结论。另一方面，实证分析上，本书前面章节的实证检验发现，所得税规避确实会增加企业的代理成本。

因此，企业的所得税规避会通过加剧信息不对称和引发代理问题这两种途径，最终降低企业的投资效率。为了进一步完善我们的理论预期，我们佐之以实例展开论述。

安然公司是一个因为所得税规避而导致信息环境极度恶化的典型例子。美国税务联合委员会（Joint Committee on Taxation）在对安然事件的调查报告中指出："安然公司非常善于制造复杂的信息环境，许多用来获取税收优惠的交易都采用了极其复杂的结构。对于任何一个尝试审查这些交易的人来说，根本没有简单的方法来理解这些交易的具体条款和目的。……总而言之，安然公司有动机和能力来从事异常复杂的交易，以阻止对其的有效审查。"可见，所得税规避活动确实会降低企业的信息透明度。此外，众所周知，安然公司的高管在此过程中获得了巨额的私有收益，不仅包括丰厚的分红、豪华的办公室和私人飞机，还有巨大的企业帝国。

Desai（2005）阐述了泰科国际有限公司（Tyco）进行所得税规避活动的相关内容。泰科的CEO（Kozlowski）和CFO（Swart）为了达到所得税规避的目的，构造了非常复杂的交易，这些交易复杂到只有极少数人了解公司运行的全貌。正是这种交易的异常复杂，使Kozlowski和Swart在公司处于绝对权威的地位[①]，他们在很大程度上"挟制"了企业的股东。很难相信这类公司会拥有高水平的投资效率。

上述分析综合说明，企业的所得税规避活动会加剧企业内外部的信息不对称程度，还会引发代理问题，这最终会降低企业的投资效率。基于此，我们提出本章的研究假说：在其他条件不变的情况下，企业的所得税规避程度越高，投资效率越低。

105

[①]　这两名泰科公司的高管最终因为掠夺泰科财产和挥霍泰科1.5亿美元用于自己的奢侈生活等罪名，分别被判处8年和25年监禁，并分别被处以7 000万美元和3 500万美元的罚款。

6.2 —————————— 研究设计与描述性统计 ——————————

6.2.1 实证模型

为了检验本章的研究假说，我们构建了如下实证模型：

$$INEFFINV_{i,t}=\alpha_0+\alpha_1 TA_{i,t}+\alpha_2 FCF_{i,t}+\alpha_3 NEG_{i,t}+\alpha_4 NEG_{i,t}FCF_{i,t}+\alpha_5 OUTRATIO_{i,t}+$$
$$\alpha_6 TOP1_{i,t}+\alpha_7 LNBSIZE_{i,t}+\alpha_8 DUAL_{i,t}+\alpha_9 MANHOLD_{i,t}+$$
$$\alpha_{10} HBSHARE_{i,t}+\alpha_{11} INSTI_{i,t}+\alpha_{12} STATE_{i,t}+\alpha_{13} MKT_{i,t}+YEAR+$$
$$INDUSTRY+\zeta_{i,t} \tag{6-1}$$

模型（6-1）中，INEFFINV 表示企业非效率投资的程度，INEFFINV 越大，企业的投资效率越低。TA 表示企业的所得税规避程度，定义见后面内容。

6.2.2 变量定义

1.因变量（非效率投资）

借鉴 Richardson（2006），我们通过模型（6-2）来估算 INEFFINV：

$$INV_{i,t}=\beta_0+\beta_1 INV_{i,t-1}+\beta_2 CASH_{i,t-1}+\beta_3 SIZE_{i,t-1}+\beta_4 LEV_{i,t-1}+\beta_5 GROWTH_{i,t-1}+$$
$$\beta_6 RET_{i,t-1}+\beta_7 AGE_{i,t-1}+YEAR+INDUSTRY+\varepsilon_{i,t} \tag{6-2}$$

其中：$INV_{i,t}$ 为企业 i 第 t 年的新增资本投资额，借鉴杨华军和胡奕明（2007）、钟海燕等（2010），INV＝（购建固定资产、无形资产和其他长期资产支付的现金−处置固定资产、无形资产和其他长期资产收回的现金净额）÷期初总资产。$INV_{i,t-1}$ 为企业 i 第 t−1 年的新增资本投资额。$CASH_{i,t-1}$ 为企业 i 第 t−1 年的货币资金持有量，等于货币资金除以期初总资产。$SIZE_{i,t-1}$ 为企业 i 第 t−1 年期末总资产的自然对数。$LEV_{i,t-1}$ 为企业 i 第 t−1 年的资产负债率。$GROWTH_{i,t-1}$ 为企业 i 第 t−1 年的成长性。我们分别使用市账比和营业收入增长率进行衡量[①]。$RET_{i,t-1}$ 为企业 i 第 t−1 年的股票收益率。$AGE_{i,t-1}$ 为企业 i 第 t−1 年的年龄。YEAR 和 INDUSTRY 分别为年度和

[①] 在后文的实证分析中，我们只列示了以市账比作为成长性刻度指标的回归结果。未报告的回归结果显示，以营业收入增长率作为成长性刻度指标没有对研究结论产生任何实质性影响。

行业虚拟变量。

我们通过对模型（6-2）进行固定效应回归（回归结果见表6-1），得到各企业第t年预期的资本投资额。然后，我们用企业实际的资本投资额减去预期的资本投资额，便可以得到企业未预期的资本投资额，即$\varepsilon_{i,t}$。一般认为，当$\varepsilon_{i,t}$小于0时，表示企业投资不足；当$\varepsilon_{i,t}$大于0时，表示企业投资过度。因此，我们对$\varepsilon_{i,t}$取绝对值，命名为INEFFINV，以表示企业的非效率投资。由表6-1的结果可见，各变量都在1%的置信水平显著，且回归符号均与预期一致。这说明投资预测模型较好地拟合了本章的研究样本。

表6-1 投资预测模型估计结果

	(1)
	$INV_{i,t}$
$INV_{i,t-1}$	0.2443***
	(17.98)
$GROWTH_{i,t-1}$	0.0050***
	(4.09)
$CASH_{i,t-1}$	0.0600***
	(9.42)
$SIZE_{i,t-1}$	−0.0185***
	(−10.44)
$LEV_{i,t-1}$	−0.0512***
	(−9.82)
$RET_{i,t-1}$	0.0050***
	(4.10)
$AGE_{i,t-1}$	0.0019***
	(5.10)
Intercept	0.438***
	(10.61)
N	11 699
R^2	0.133
F	26.13

注：***、**和*表示回归系数在1%、5%和10%的置信水平显著；括号内的数字为t值；t值的计算基于稳健标准差；表6-1回归所用样本见后面内容描述。

2. 自变量（所得税规避程度）

沿用前两章的做法，我们仍然采用四个变量来刻画企业的所得税规避程度，分别是名义所得税税率与实际所得税税率的差额（RATE_DIFF）、RATE_DIFF的5年平均值（LRATE_DIFF）、会计－税收差异（BTD）和扣除应计利润影响之后的会计－税收差异（DDBTD）。

3. 控制变量

为了控制其他影响企业非效率投资的因素，我们设置了如下控制变量：

企业自由现金流的多寡是影响其过度投资或投资不足的重要因素。为此，我们控制了企业的自由现金流（FCF）。具体而言，企业的自由现金流等于经营活动现金净流量减去模型（6-2）估算的预期资本投资额。考虑到因变量是非效率投资的绝对值，我们设置了一个关于自由现金流正负号的虚拟变量NEG（当FCF小于0时，NEG取1，否则为0），并将NEG与FCF进行交互。

我们还在模型（6-1）中控制了与公司治理相关的变量。代理冲突是影响企业投资效率的重要因素，而公司治理则可以综合反映企业代理冲突的严重与否。具体而言，我们控制了如下公司治理变量：独立董事的比重（OUTRATIO），它等于独立董事的人数除以董事总人数。第一大股东的持股比例（TOP1），它用来刻画企业的股权集中程度。董事会规模（LNBSIZE），它等于董事总人数的自然对数。董事长与总经理的两职合一（DUAL），当两种职务由一人担任时，DUAL取1，否则为0。管理层持股比例（MANHOLD），它等于管理层持股数占总股数的比重。是否在其他交易所上市（HBSHARE），当公司同时在美国或香港上市时，HBSHARE取1，否则为0。机构投资者持股（INSTI），它等于机构投资者持股数占总股数的比重。企业的所有权性质（STATE），当公司的最终控制人为国有时，STATE取1，否则为0。

此外，企业所在地区的制度环境也是影响其投资效率的重要因素。因此，我们控制了企业所在地区的市场化进程（MKT），使用樊纲和王小鲁（2010）所披露的各地区市场化进程指数衡量。最后，我们还在模型（6-1）中加入了年度（YEAR）和行业（INDUSTRY）虚拟变量来控制年度和行业效应。

6.2.3 样本选择

本章使用我国 1999—2011 年的所有 A 股上市公司作为初始研究样本。之所以选择 1999 年作为研究起点，主要是考虑到实证模型中所需的公司治理变量从 1999 年开始才对外披露。此外，在计算避税指标 LRATE_DIFF 时，需要用到样本公司第 t−4 年至第 t 年的数据。所以，避税指标的计算数据需要延伸至 1995 年。而在 1994 年，我国进行了"分税制"改革，将企业所得税的基准税率确定为 33%。这次改革是新中国成立以来最大的一次税制改革，它使得我国的税收征管环境发生了巨大变化。综合以上考虑，本章最终确定以 1999 年作为研究起点。我们进一步剔除了金融行业的公司，以及模型所需指标缺失的样本，最后共得到 11 699 个观测值。

此外，因为 LRATE_DIFF 的计算需要样本公司跨度 5 年的数据，这会造成大量样本的损失。为了使本章的结论更具普遍性，一方面，在实际计算过程中，当上市公司没有持续 5 年的数据时，我们要求上市公司至少有持续 3 年的数据。另一方面，我们在回归过程中所使用的观测值数量将取决于具体使用的研究指标，这导致不同回归模型的样本量略微有所差异。另外，为了剔除异常值的影响，我们对模型中的连续变量在 1% 和 99% 的水平上进行了缩尾处理。本章所有数据除企业的名义所得税税率取自 WIND 数据库之外，其他数据均来源于 CSMAR 数据库。

6.2.4 描述性统计

我们在表 6-2 列示了变量的描述性统计结果。INEFFINV 的平均值为 0.0526，这说明平均而言，样本公司的非效率投资额约为总资产的 5%。在衡量所得税规避的指标中，RATE_DIFF 和 LRATE_DIFF 的平均值和中位数都为正，这说明大部分样本公司的实际所得税税率都低于名义所得税税率，即所得税规避可能是一种普遍现象，这与中国的现实也是相符的。BTD 的平均值和中位数都为负，这可能源于我国税法对于应纳税所得的认定较为严格，从而大部分公司的应纳税所得额都超过了会计利润。我们也发现，当从BTD中扣除应计利润的影响之后，DDBTD的平均值和中位数都为正了。此外，其他变量的描述性统计结果与前人的研究大体一致。

表6-2　　　　　　　　　　　　　变量的描述性统计

变量名称	观测值	平均值	标准差	中位数
INEFFINV	11 699	0.0526	0.0505	0.0391
RATE_DIFF	11 699	0.0167	0.3010	0.0114
LRATE_DIFF	10 500	0.0115	0.2251	0.0103
BTD	11 699	−0.0093	0.0700	−0.0026
DDBTD	11 699	0.0006	0.0613	0.0056
FCF	11 699	−0.0083	0.0998	−0.0096
OUTRATIO	11 699	0.3122	0.1202	0.3333
TOP1	11 699	0.3839	0.1630	0.3630
LNBSIZE	11 699	2.2195	0.2190	2.1972
DUAL	11 699	0.1386	0.3456	0.0000
MANHOLD	11 699	0.0173	0.0809	0.0001
HBSHARE	11 699	0.1046	0.3061	0.0000
INSTI	11 699	0.1582	0.2076	0.0564
STATE	11 699	0.6883	0.4632	1.0000
MKT	11 699	6.5063	1.5447	6.5755

　　为了检验所得税规避指标设计的合理性，我们在表6-3的上半部分列示了四个所得税规避衡量指标的相关系数。由表6-3的结果可以看出，这四个所得税规避指标两两之间的相关系数（无论是Pearson相关系数还是Spearman相关系数）都在1%的置信水平显著为正，相关系数从0.1到0.9不等。这一方面说明这四个所得税规避指标的指向是一致的；另一方面也说明这四个所得税规避指标能够从不同维度反映企业的税收规避程度。

表6-3   变量的相关系数表

Panel A:所得税规避指标的相关系数

变量名称	RATE_DIFF	LRATE_DIFF	BTD	DDBTD
RATE_DIFF	—	0.5634	0.4604	0.3715
LRATE_DIFF	0.4645	—	0.3028	0.2446
BTD	0.2524	0.1183	—	0.8491
DDBTD	0.2900	0.1293	0.9286	—

Panel B:其他指标的相关系数

变量名称	INEFFINV	FCF	OUTRATIO	TOP1	LNBSIZE	DUAL	MANHOLD	HBSHARE	INSTI	STATE	MKT
INEFFINV	—	-0.0517	0.0157	-0.0038	-0.0129	0.0090	-0.0645	-0.0037	0.0154	-0.0220	-0.0325
FCF	0.0360	—	0.0058	0.1000	0.0863	-0.0518	-0.0228	0.0747	0.0852	0.0773	0.0211
OUTRATIO	0.0282	0.0203	—	-0.1143	-0.1902	0.0379	-0.1481	-0.0244	0.4539	-0.1595	-0.0161
TOP1	0.0210	0.1014	-0.1299	—	0.0145	-0.0887	-0.1605	0.0483	-0.1251	0.2923	-0.0050
LNBSIZE	0.0158	0.0894	-0.1404	0.0190	—	-0.0984	-0.0119	0.0686	-0.0458	0.1917	-0.0165
DUAL	0.0048	-0.0506	0.0103	-0.0910	-0.0934	—	0.0803	-0.0216	-0.0099	-0.1413	0.0419
MANHOLD	-0.0141	-0.0641	0.1061	-0.1076	-0.0899	0.1132	—	-0.0648	-0.1132	-0.138	0.1899
HBSHARE	-0.0041	0.0683	-0.0366	0.0422	0.0745	-0.0216	-0.0718	—	-0.0968	0.1088	0.2135
INSTI	0.0216	0.0891	0.3169	-0.0452	-0.0292	-0.0170	-0.0088	-0.0757	—	-0.1018	-0.0244
STATE	-0.0087	0.0826	-0.1670	0.2849	0.1887	-0.1413	-0.2961	0.1088	-0.0432	—	-0.0947
MKT	-0.0463	0.0128	-0.0290	-0.0020	-0.0192	0.0402	0.1307	0.2087	-0.0140	-0.0893	—

注：下三角部分为Pearson相关系数，上三角部分为Spearman相关系数；加粗的数字表示相关系数在5%及以下的置信水平显著。

我们还在表6-3的下半部分列示了其他指标的相关系数。结果显示，各控制变量两两之间的相关系数均小于0.5，这说明实证模型并无严重的多重共线性问题。

6.3　　实证检验结果与分析

6.3.1　研究假说的实证检验

我们在表6-4列示了研究假说的最小二乘法回归结果。按照所得税规避衡量指标的不同，表6-4的结果分为四部分。

表6-4　所得税规避对投资效率影响的实证检验结果（全样本考察）

变量名称	被解释变量：INEFFINV			
	（1）	（2）	（3）	（4）
RATE_DIFF	0.0050***	—	—	—
	（4.07）			
LRATE_DIFF	—	0.0052***	—	—
	—	（2.64）		
BTD	—	—	0.0347***	—
	—	—	（4.75）	—
DDBTD	—	—	—	0.0463***
	—	—	—	（5.05）
FCF	0.1450***	0.1446***	0.1443***	0.1378***
	（9.73）	（9.26）	（9.70）	（9.17）
NEG	0.0012	0.0022	0.0014	0.0014
	（0.87）	（1.51）	（0.99）	（1.03）
NEG*FCF	−0.2389***	−0.2351***	−0.2404***	−0.2428***
	（−13.46）	（−12.71）	（−13.54）	（−13.65）
OUTRATIO	0.0113	0.0054	0.0102	0.0103
	（1.48）	（0.67）	（1.34）	（1.35）
TOP1	0.0002	−0.0019	−0.0006	−0.0000
	（0.05）	（−0.55）	（−0.17）	（−0.01）
LNBSIZE	0.0011	0.0022	0.0009	0.0011
	（0.49）	（0.95）	（0.40）	（0.51）
DUAL	0.0018	0.0018	0.0020	0.0019
	（1.39）	（1.31）	（1.50）	（1.48）
MANHOLD	−0.0122*	−0.0365***	−0.0135**	−0.0129**
	（−1.87）	（−5.22）	（−2.07）	（−1.98）
HBSHARE	−0.0003	−0.0005	−0.0002	−0.0001
	（−0.22）	（−0.34）	（−0.12）	（−0.09）
INSTI	−0.0025	−0.0030	−0.0033	−0.0027
	（−0.72）	（−0.84）	（−0.95）	（−0.80）
STATE	−0.0046***	−0.0047***	−0.0046***	−0.0046***
	（−4.23）	（−4.14）	（−4.22）	（−4.20）
MKT	−0.0009***	−0.0007**	−0.0010***	−0.0010***
	（−2.69）	（−2.02）	（−2.97）	（−2.94）
Year	Yes	Yes	Yes	Yes
Industry	Yes	Yes	Yes	Yes
Intercept	0.0476***	0.0388***	0.0488***	0.0472***
	（6.88）	（5.32）	（7.07）	（6.84）
N	11 699	10 500	11 699	11 699
R^2	0.077	0.082	0.079	0.079
F	17.96	17.13	17.84	18.02

注：***、**和*表示回归系数在1%、5%和10%的置信水平显著；括号内的数字为t值；t值的计算基于稳健标准差。

我们发现，不论采用哪一种指标衡量企业的所得税规避程度，所得税规避都会降低企业的投资效率，表现为四个所得税规避指标的回归系数都在1%的置信水平显著为正。我们以RATE_DIFF为例进行具体阐述，RATE_DIFF的回归系数为0.005，这说明RATE_DIFF每增加1个单位（即名义所得税税率与实际所得税税率之差每上升1个百分点），将导致非效率投资上升0.005个单位，这相当于非效率投资平均值的10%（0.005/0.051）。这在一定程度上说明避税对投资效率的影响不仅存在于统计意义上，其经济意义也同样显著。当我们采用其他所得税规避指标时，其对投资效率的影响程度更大。

在其他变量的回归结果中，FCF的回归系数均在1%的置信水平显著为正，这说明自由现金流会显著影响企业的投资效率。当企业拥有正向的自由现金流时，会倾向于过度投资。此外，NEG*FCF的回归系数均在1%的置信水平显著为负，这说明当企业的自由现金流为负时，则可能会投资不足。在公司治理变量的回归结果中，MANHOLD的回归系数均在10%或以下水平显著为负，这说明管理层持股比例越低，投资效率越高，也意味着对管理层一定程度的股权激励，可以提高企业的投资效率。STATE的回归系数均在1%的置信水平显著为负，这说明相比非国有企业，国有企业非效率投资的程度较低。这与谭燕等（2011）发现的由中央政府和省政府控制的国有企业的过度投资程度更低的结论基本一致。最后，我们发现地区的市场化进程可以显著降低企业的非效率投资，表现为MKT的回归系数在四个方程中均在5%及以下水平显著为负，这说明加快市场化改革可以提高资源的配置效率。

综合来看，表6-4的回归结果有力地证实了本章的研究假说：在其他条件不变的情况下，企业的所得税规避程度越高，投资效率越低。

那么，所得税规避对投资效率的影响，到底表现为所得税规避会促进企业的过度投资，还是投资不足，抑或两者皆有？基于此，我们将样本分为两部分：投资过度组和投资不足组。分组检验的结果列示在表6-5中。

113

表6-5　　所得税规避对投资效率影响的实证检验结果（分组考察）

变量名称	投资过度组				投资不足组			
	(1)	(2)	(3)	(4)	(5)	(6)	(7)	(8)
RATE_DIFF	0.0112***	—	—	—	0.0018*	—	—	—
	(3.27)	—	—	—	(1.80)	—	—	—
LRATE_DIFF	—	0.0086*	—	—	0.0029*	—	—	—
	—	(1.66)	—	—	(1.83)	—	—	—
BTD	—	—	0.0790***	—	—	—	0.0006	—
	—	—	(3.62)	—	—	—	(0.13)	—
DDBTD	—	—	—	0.0727***	—	—	—	0.0185***
	—	—	—	(2.96)	—	—	—	(2.97)
FCF	0.0882***	0.0974***	0.0869***	0.0764***	−0.0573***	−0.0584***	−0.0574***	−0.0617***
	(6.00)	(6.14)	(5.93)	(4.92)	(−13.93)	(−13.80)	(−13.88)	(−13.83)
OUTRATIO	0.0111	−0.0033	0.0106	0.0110	−0.0064	−0.0069	−0.0066	−0.0070
	(0.65)	(−0.17)	(0.62)	(0.64)	(−1.02)	(−1.06)	(−1.05)	(−1.11)
TOP1	0.0078	0.0036	0.0083	0.0091	−0.0124***	−0.0120***	−0.0126***	−0.0127***
	(1.09)	(0.47)	(1.17)	(1.28)	(−5.34)	(−4.91)	(−5.39)	(−5.46)
LNBSIZE	0.0037	0.0056	0.0040	0.0042	−0.0131***	−0.0125***	−0.0131***	−0.0131***
	(0.76)	(1.09)	(0.83)	(0.87)	(−7.89)	(−7.21)	(−7.91)	(−7.92)
DUAL	0.0062**	0.0057*	0.0066***	0.0065**	0.0006	0.0008	0.0007	0.0007
	(1.97)	(1.66)	(2.10)	(2.07)	(0.62)	(0.70)	(0.64)	(0.65)
MANHOLD	−0.0006	−0.0367***	−0.0010	−0.0007	−0.0261***	−0.0431***	−0.0264***	−0.0264***
	(−0.04)	(−3.02)	(−0.08)	(−0.05)	(−5.07)	(−5.62)	(−5.13)	(−5.14)
HBSHARE	−0.0036	−0.0039	−0.0036	−0.0036	−0.0032***	−0.0038***	−0.0032***	−0.0031***
	(−1.16)	(−1.16)	(−1.17)	(−1.16)	(−2.84)	(−3.33)	(−2.84)	(−2.75)
INSTI	−0.0040	−0.0063	−0.0050	−0.0042	−0.0120***	−0.0117***	−0.0121***	−0.0121***
	(−0.61)	(−0.89)	(−0.75)	(−0.63)	(−4.72)	(−4.36)	(−4.74)	(−4.76)
STATE	−0.0038	−0.0039	−0.0036	−0.0037	−0.0061***	−0.0063***	−0.0062***	−0.0061***
	(−1.42)	(−1.37)	(−1.35)	(−1.41)	(−7.28)	(−7.28)	(−7.33)	(−7.26)
MKT	−0.0029***	−0.0028***	−0.0031***	−0.0030***	0.0001	0.0004	0.0001	0.0001
	(−3.77)	(−3.42)	(−4.01)	(−3.91)	(0.51)	(1.44)	(0.51)	(0.34)
Year	Yes	Yes	Yes	Yes	Yes	Yes	Yes	Yes
Industry	Yes	Yes	Yes	Yes	Yes	Yes	Yes	Yes
Intercept	0.0666***	0.0637***	0.0644***	0.0633***	0.0849***	0.0793***	0.0852***	0.0851***
	(4.09)	(3.56)	(3.99)	(3.90)	(15.98)	(14.23)	(16.02)	(16.04)
N	4 581	4 009	4 581	4 581	7 118	6 491	7 118	7 118
R^2	0.081	0.090	0.084	0.083	0.123	0.130	0.123	0.124
F	8.76	8.71	8.92	8.96	22.99	21.48	22.95	22.92

注：***、**和*表示回归系数在1%、5%和10%的置信水平显著；括号内的数字为t值；t值的计算基于稳健标准差。

表6-5的结果显示，在投资过度组，四个所得税规避指标的回归系数均在10%及以下的置信水平显著为正，这说明企业的所得税规避程度越

高，过度投资程度也就越大。在投资不足组，RATE_DIFF和LRATE_DIFF的回归系数在10%的置信水平显著为正，DDBTD的回归系数在1%的置信水平显著为正，BTD则不显著。这综合说明，所得税规避活动虽然既会导致过度投资，又会导致投资不足，但是对过度投资的影响更为显著，且结果也较为稳健。对于这一回归结果的成因，我们认为：

首先，企业的所得税规避活动往往存在风险和不确定性，因而从事所得税规避活动的经理人往往都是风险偏好型，这可以从Rego and Wilson（2012）的研究中看出[①]。而偏好风险的经理人往往会选择过度投资。其次，所得税规避活动会将一部分原本应该流向政府的资金留在企业，这会增加企业的自由现金流，从而在存在代理冲突的情况下，容易发生过度投资现象（Jensen，1986）。

在表6-5其他变量的回归结果中，FCF的回归系数在过度投资组显著为正，而在投资不足组显著为负，这说明自由现金流会导致过度投资，但会缓解投资不足。TOP1的回归系数在投资过度组不显著，而在投资不足组显著为负，这说明大股东可以有效抑制投资不足。LNBSIZE的回归系数在投资不足组显著为负，这说明大的董事会规模不会导致投资不足。DUAL的回归系数在投资过度组显著为正，这说明董事长和总经理的两职合一会引发过度投资。此外，强有力的证据表明，企业在海外挂牌上市可以有效抑制企业的投资不足，表现为HBSHARE的回归系数在投资不足组显著为负。我们还发现，机构投资者持股和国有控股对投资过度均没有显著影响，但会降低投资不足。最后，市场化进程对资源配置的作用主要表现为它会抑制企业的投资冲动。

6.3.2　研究假说的稳健性测试

对于研究假说的实证检验结果，我们进行了如下稳健性测试：

（1）当企业当期所得税费用小于0时，意味着这些企业当年不需要缴纳所得税，从而这一部分企业可能并不具有所得税规避动机。此外，当企业当期的税前利润小于0时，实际税率的计算可能会出现误差。为了排除

---

① Rego and Wilson（2012）发现，当经理人的权益风险激励程度越高时，他们越会从事避税活动。这是因为权益风险激励会使经理人有动机去追求那种虽然存在高风险，但是可以带来高预期收益的活动。

这部分样本对结论可能造成的偏差，我们剔除了当期所得税费用小于0和税前利润小于等于0的样本，并对实证模型重新进行了回归。回归结果列示在表6-6的Panel A中。

表6-6　　　　　　　　　进一步对样本调整之后的稳健性测试结果

Panel A：剔除所得税费用小于0和税前利润小于等于0的样本

所得税规避指标	全样本			
	RATE_DIFF	LRATE_DIFF	BTD	DDBTD
TA	0.0121***	0.0080***	0.0443***	0.0538***
	(7.36)	(3.25)	(3.38)	(3.79)
N	10 008	8 929	10 008	10 008
	过度投资样本			
TA	0.0254***	0.0122**	0.0686**	0.0587*
	(5.91)	(2.09)	(2.23)	(1.82)
N	4 170	3 633	4 170	4 170
	投资不足样本			
TA	0.0034**	0.0036*	0.0066	0.0346***
	(2.39)	(1.77)	(0.73)	(3.51)
N	5 838	5 296	5 838	5 838

Panel B：样本期间为1999—2007年

所得税规避指标	全样本			
	RATE_DIFF	LRATE_DIFF	BTD	DDBTD
TA	0.0077***	0.0196***	0.0492***	0.0633***
	(3.74)	(5.00)	(4.61)	(4.66)
N	6 375	5 761	6 375	6 375
	过度投资样本			
TA	0.0160***	0.0369***	0.1471***	0.1395***
	(3.09)	(3.65)	(5.41)	(4.31)
N	2 572	2 302	2 572	2 572
	投资不足样本			
TA	0.0019	0.0072**	−0.0003	0.0264***
	(1.13)	(2.37)	(−0.04)	(2.61)
N	3 803	3 459	3 803	3 803

注：***、**和*表示回归系数在1%、5%和10%的置信水平显著；括号内的数字为t值；t值的计算基于稳健标准差；我们在表格中未报告其他控制变量的回归结果。

结果显示，在全样本回归中，四个所得税规避的衡量指标均在1%的置信水平显著为正。分样本回归的结果与表6-5基本一致。此外，我们还进一步剔除了实际所得税税率大于1的样本，因为在以往的一些研究中，都会将实际所得税税率大于1的样本视为异常值。按照这一方法对样本重新筛选后的回归结果显示，本章的结论依然成立。

（2）我国于2008年开始正式实施新的《中华人民共和国企业所得税法》。为了排除制度变迁对结论的影响，我们剔除了新所得税法实施以后的2008—2011年的样本。我们用剩余样本重新计算了企业非效率投资的额度，并重新进行了回归，回归的结果列示在表6-6的Panel B中。全样本的结果显示，四个所得税规避衡量指标的回归系数均在1%的置信水平显著为正。在过度投资组，四个指标的回归系数也都在5%及以下水平显著。但是，在投资不足组，只有LRATE_DIFF和DDBTD的回归系数显著为正。这也说明，所得税规避对非效率投资的正向影响主要表现为所得税规避引发了企业的过度投资，而非投资不足。

117

（3）内生性问题。对于所得税规避会导致非效率投资这一结论，可能存在内生性问题。因为非效率投资很有可能也会影响企业的所得税规避。一方面，非效率投资可以体现为企业的代理成本，而代理成本可能影响企业的税收决策；另一方面，投资不足的企业很可能会内部现金流缺乏，致使这类企业选择进行所得税规避行为。因此，企业的所得税规避行为和非效率投资可能存在相互影响。为了排除这一偏差对本章结论的影响，我们建立了一个所得税规避和非效率投资相互影响的联立方程模型[①]，并采用三阶段最小二乘法对联立方程模型进行了回归。回归结果列示在表6-7中。结果显示，不论是全样本、过度投资样本还是投资不足样本，四个所得税规避指标的回归系数均显著为正，这再一次印证了本章的研究假说。

---

① 借鉴 Chen et al.（2010）和吴联生（2009），我们设置了如下关于企业所得税规避程度的影响因素模型：

$$TA_{i,t}=\gamma_0+\gamma_1ROA_{i,t}+\gamma_2SIZE_{i,t}+\gamma_3LEV_{i,t}+\gamma_4GROWTH_{i,t}+\gamma_5PPE_{i,t}+\gamma_6INTANG_{i,t}+\gamma_7EQINC_{i,t}+$$
$$\gamma_8INVENT_{i,t}+\gamma_9LOSS_{i,t}+\gamma_{10}STATE_{i,t}+YEAR+INDUSTRY+\varepsilon$$

其中：TA是衡量企业所得税规避程度的虚拟变量，按照所得税规避指标的不同，在实际回归过程中，我们分别用了四个替代变量。ROA、SIZE、LEV、GROWTH、STATE、YEAR和INDUSTRY的定义与前文一致。PPE表示企业的资本密集度，等于公司期末固定资产净值占期末总资产的比重。INTANG表示无形资产比例，等于期末无形资产净值除以期末总资产。EQINC表示投资收益，等于年末投资收益除以年末总资产。INVNET表示企业的存货密集度，等于公司期末存货净值占期末总资产的比重。LOSS表示企业上年是否亏损，当公司上一年度的净利润小于0时，LOSS取1，否则为0。

在所得税规避模型中，非效率投资的回归系数虽然大部分都显著，但是回归系数的符号并不一致。

表6-7　　　　　　　　　　　　**联立方程模型的稳健性测试结果**

	全样本							
	非效率投资模型				所得税规避模型			
	因变量				因变量			
	INEFFINV	INEFFINV	INEFFINV	INEFFINV	RATE_DIFF	LRATE_DIFF	BTD	DDBTD
RATE_DIFF	0.0305***	—	—	—	—	—	—	—
	(3.16)	—	—	—	—	—	—	—
LRATE_DIFF	—	0.0406***	—	—	—	—	—	—
	—	(2.61)	—	—	—	—	—	—
BTD	—	—	0.0396***	—	—	—	—	—
	—	—	(3.70)	—	—	—	—	—
DDBTD	—	—	—	0.1184***	—	—	—	—
	—	—	—	(6.98)	—	—	—	—
INEFFINV	—	—	—	—	0.8207**	0.8339***	−0.3391***	−0.5501***
	—	—	—	—	(2.47)	(3.15)	(−5.24)	(−8.41)
N	11 479	10 330	11 479	11 479	11 479	10 330	11 479	11 479

	过度投资样本							
	非效率投资模型				所得税规避模型			
	因变量				因变量			
	INEFFINV	INEFFINV	INEFFINV	INEFFINV	RATE_DIFF	LRATE_DIFF	BTD	DDBTD
RATE_DIFF	0.0558*	—	—	—	—	—	—	—
	(1.70)	—	—	—	—	—	—	—
LRATE_DIFF	—	0.0944**	—	—	—	—	—	—
	—	(2.55)	—	—	—	—	—	—
BTD	—	—	0.1709***	—	—	—	—	—
	—	—	(4.75)	—	—	—	—	—
DDBTD	—	—	—	0.2281***	—	—	—	—
	—	—	—	(4.03)	—	—	—	—
INEFFINV	—	—	—	—	1.1387**	0.9892**	−0.2133*	0.4412***
	—	—	—	—	(2.07)	(2.28)	(−1.78)	(3.72)
N	4 481	3 940	4 481	4 481	4 481	3 940	4 481	4 481

续表

	投资不足样本							
	非效率投资模型				所得税规避模型			
	因变量				因变量			
	INEFFINV	INEFFINV	INEFFINV	INEFFINV	RATE_DIFF	LRATE_DIFF	BTD	DDBTD
RATE_DIFF	0.0229***	—	—	—	—	—	—	—
	(3.62)	—	—	—	—	—	—	—
LRATE_DIFF	—	0.0222**	—	—	—	—	—	—
	—	(2.00)	—	—	—	—	—	—
BTD	—	—	0.0224***	—	—	—	—	—
	—	—	(3.16)	—	—	—	—	—
DDBTD	—	—	—	0.0766***	—	—	—	—
	—	—	—	(6.81)	—	—	—	—
INEFFINV	—	—	—	—	−0.1393	0.8584	0.8501***	−1.7717***
	—	—	—	—	(−0.18)	(1.47)	(5.77)	(−10.34)
N	6 998	6 390	6 998	6 998	6 998	6 390	6 998	6 998

注：***、**和*表示回归系数在1%、5%和10%的置信水平显著；括号内的数字为t值；我们在表格中未报告其他控制变量的回归结果。

综合来看，本章研究假说的结论具有较高的稳健性。

（4）我们设置了一个关于企业所得税规避程度的虚拟变量DUMTA。当企业的所得税规避程度大于90%分位数时，DUMTA取1，否则为0。我们认为，如果企业的所得税规避程度属于极端大组，那么它很可能在进行非法的所得税规避活动。因为所得税规避指标有四个，因此相应的虚拟变量也有四个，分别是DUMRATE_DIFF、DUMLRATE_DIFF、DUMBTD和DUMDDBTD。采用这四个虚拟变量作为解释变量，并采用OLS回归的结果显示，DUMBTD、DUMDDBTD和DUMLRATE_DIFF的估计系数均与前述一致，但是DUMRATE_DIFF的估计系数与预期刚好相反。我们进一步按照所得税规避程度的50%和75%分位数设置了虚拟变量。按照50%分位数设置的虚拟变量的估计系数均与预期一致。按照75%分位数设置的虚拟变量，除DUMLRATE_DIFF外，均与预期一致。因此，这些回归结果综合说明，本章的结论并不完全是因为企业非法的所得税规避活动所致。

6.3.3 拓展性实证检验

上述的实证检验结果显示，所得税规避活动降低了企业的投资效率。那么，良好的公司治理机制是否可以降低所得税规避活动所引发的代理成本，即抑制所得税规避所导致的非效率投资呢？Desai and Dharmapala（2009）发现，虽然平均而言，所得税规避并没有带来企业价值的提升，但是在公司治理机制较为完善的企业，所得税规避则可以促进企业价值。Kim et al.（2011）则发现，完善的公司治理机制可以有效降低所得税规避所导致的企业未来股价暴跌的概率。基于此，我们进一步考察了公司治理机制和所得税规避的交互项对非效率投资的影响。

考虑到避税的衡量指标有四种，且公司治理机制的衡量指标也多种多样，出于篇幅的考虑，我们构建了一个衡量所得税规避程度的综合指标 TA_INDEX。具体而言，我们对四个所得税规避指标进行了主成分分析，并选取第一主成分来综合衡量企业的所得税规避程度，即 TA_INDEX。这一方法在 Chen et al.（2010）中也有采用。

为了考察公司治理机制的交互作用，我们选择了如下公司治理机制的替代指标。首先，Desai and Dharmapala（2009）和 Kim et al.（2011）都使用了机构投资者的持股比例来衡量公司治理状况。这是因为机构投资者的持股比例越高，外部监督力量越强，从而公司治理状况会越好。因此，我们也选择机构投资者的持股比例（INSTI）来衡量公司治理状况。其次，借鉴白重恩等（2005），我们还选择了如下衡量公司治理机制的指标：独立董事比重（OUTRATIO）、董事长和总经理的两职合一（DUAL）、管理层持股比例（MANHOLD）、是否在其他交易所上市（HBSHARE）[①]。最后，我们采用主成分分析法，构建了一个由上述五大指标组成的公司治理综合指数——CG_INDEX。将公司治理综合指数

---

① 我们没有将企业的产权性质（STATE）作为公司治理机制的替代变量，是因为国有企业的税收决策会在一定程度上受到政府部门的干预（吴联生，2009）。因此，即使 STATE 和 TA_INDEX 的交互变量显著（未报告的回归结果显示，STATE 和 TA_INDEX 的交互变量不显著），我们也很难界定这是政府干预的结果还是公司治理的结果。此外，我们也没有考察第一大股东的持股比例和其他股东持股比例的影响，这主要是因为现有研究发现，第二到第十大股东并非总是对第一大股东具有监督作用，他们之间往往存在关联关系（详见魏明海等，2011）。因此，简单的将股权制衡或股权集中作为公司治理机制的替代变量，往往会得出错误的结论。事实上，现有的很多研究都发现股权制衡的作用往往与理论预期相反（魏明海等，2011）。

CG_INDEX 与 TA_INDEX 进行交互，并放入模型重新进行回归，其实证结果列示在表6-8中。

表6-8　　　　　　　公司治理、所得税规避与非效率投资

变量名称	全样本	过度投资样本	投资不足样本
TA_INDEX	0.0021***	0.0045***	0.0006**
	（5.92）	（4.18）	（2.27）
CG_INDEX	−0.0009	−0.0009	−0.0021***
	（−1.19）	（−0.56）	（−3.51）
CG_INDEX*TA_INDEX	−0.0008***	−0.0022***	−0.0002
	（−2.58）	（−2.73）	（−0.89）
FCF	0.1414***	0.0887***	−0.0612***
	（9.09）	（5.63）	（−14.05）
NEG	0.0025*		
	（1.70）		
NEG*FCF	−0.2379***		
	（−12.86）		
TOP1	−0.0019	0.0054	−0.0124***
	（−0.57）	（0.71）	（−5.12）
LNBSIZE	0.0013	0.0044	−0.0133***
	（0.56）	（0.86）	（−7.76）
STATE	−0.0039***	−0.0032	−0.0061***
	（−3.55）	（−1.19）	（−7.11）
MKT	−0.0009***	−0.0032***	−0.0001
	（−2.85）	（−4.06）	（−0.34）
Year	Yes	Yes	Yes
Industry	Yes	Yes	Yes
Intercept	0.0395***	0.0474***	0.0784***
	（5.54）	（2.75）	（14.09）
N	10500	4009	6491
R^2	0.083	0.094	0.124
F	18.27	9.73	21.96

121

注：***、**和*表示回归系数在1%、5%和10%的置信水平显著；括号内的数字为t值；t值的计算基于稳健标准差。

表6-8的结果显示，TA_INDEX 的回归结果在三个模型中均显著为正，这与前述的结论大体一致。我们主要关注 CG_INDEX*TA_INDEX

的回归系数。可以发现，当采用全样本和过度投资样本回归时，CG_INDEX*TA_INDEX 的回归系数均在 1% 的置信水平显著为负，这说明公司治理主要抑制了所得税规避所导致的过度投资。但是当样本为投资不足组时，CG_INDEX*TA_INDEX 的回归系数符号虽然与预期一致，但并不显著。这说明公司治理并没有办法缓解所得税规避所带来的投资不足。

此外，当我们将回归样本按照稳健性测试 1 和 2 的方法进行调整之后，结论依然成立。因此，与前人的结论一致，公司治理确实可以降低所得税规避所引发的代理成本。

6.4 本章小结

新近从委托代理框架出发研究所得税规避的文章发现，企业的所得税规避活动并非是一种价值最大化行为。企业在所得税规避过程中，为了规避税务部门的检查，有动机增加交易的复杂程度，这直接或间接地加剧了企业内外部的信息不对称程度。在企业所有权和经营权"两权分离"的情况下，经理人会通过所得税规避所造成的信息不对称从事机会主义行为。此外，股东在所得税规避情境下无法与经理人签订最优激励契约，所得税规避所造成的这种激励契约的扭曲无疑会进一步恶化委托代理问题，引发代理冲突。

从上述理论出发，本章考察了企业的所得税规避活动对投资效率的影响。因为企业的投资效率在很大程度上受到信息不对称和代理问题的影响，而企业的所得税规避活动则刚好具备此种特征。因此，我们预期，企业的所得税规避活动会降低投资效率。进一步地，当企业的治理机制越完善时，经理人的机会主义行为越会受到约束。因此，我们还考察了公司治理机制对所得税规避与投资效率关系的影响。我们通过采用中国上市公司 1999—2011 年的数据进行实证研究发现，企业的所得税规避活动确实降低了投资效率，这印证了本章的理论预期。在区分投资过度和投资不足之后发现，所得税规避对投资过度和投资不足均有影响。但是，所得税规避对投资过度的影响要更稳健。进一步的研究还发现，公司治理机制的完善在一定程度上可以缓解所得税规避所导致的过度投资。

　　本章的结论有效地补充和拓展了新近关于所得税规避的代理理论的研究，也有助于我们进一步理解所得税规避行为的经济后果和所得税规避对企业价值的影响路径。此外，我们的结论还为企业投资效率的影响因素研究提供了增量的经验证据。

第 7 章

公司治理与所得税规避

7.1 ——————————— 引言 ———————————

在前述内容中，我们理论分析和实证考察了所得税规避的代理成本，包括所得税规避对内部代理成本、大股东掏空和投资效率的影响。实证研究的结果一致表明，所得税规避并非企业的一种价值最大化行为，它会引发一系列代理成本。既然所得税规避会引发代理成本，那么，一个由此引发的问题就是：好的公司治理会促进还是会抑制企业的所得税规避呢？要回答这个问题，我们首先来看公司治理是如何影响代理成本的[①]。

公司治理作为企业运行机制的一个重要组成部分，其在降低企业代理成本方面所起的作用早已受到学者和政策制定者们的广泛关注。Jensen and Meckling（1976）甚至直接认为，代理问题的存在使得公司治理变得必要而且非常重要。许多公司治理机制的产生，其内在的驱动机理便是意在降低企业的代理成本。众多理论分析和实证检验的结论也都表明，公司治理机制的完善可以有效降低企业的代理成本（Shleifer and Vishny，

---

① 考虑到这方面的文献特别多，而且对公司治理如何影响代理成本的阐述并非本章的重点，因此，我们主要集中阐述一些比较重要的，特别是与中国资本市场有关的文章。这方面的文献综述可以参见 Shleifer and Vishny（1997）、姜国华等（2006）。此外，陈仕华和郑文全（2010）介绍了许多其他公司治理相关的综述性文章。

1997）。

　　理论分析方面，Jensen and Meckling（1976）早就认为，对经理人的激励有助于降低企业的代理成本。Shleifer and Vishny（1997）则理论发现，大股东的监督可以有效降低经理人的代理成本。关于董事会的理论研究较为有限。Hermalin and Weisbach（1998）研究了在CEO部分控制董事会人员选取的情况下，如何保证董事会的选择还可以发挥有效监督的作用。他们最后得出的政策启示是：要想发挥董事会的监督作用，董事的选择过程和鼓励监督管理层的财务激励机制是重要的着手点。控制权市场也是一种公司治理机制，它对公司带来的收购威胁可以有效约束管理者，提升代理合同的效率。

　　相比理论研究的缺乏，实证研究的成果相对较为丰富。而且，这些实证研究不仅考察了公司治理对第一类代理成本的影响（即权益代理成本），也考察了公司治理对第二类代理成本的影响（即大股东掏空）。在国外的研究中，Ang et al.（2000）发现管理层的持股比例与第一类代理成本显著负相关。Weisbach（1988）发现独立董事的比重越高，CEO因为业绩不佳被更换的概率越大。这说明董事会的监督可以促使低效率经理人的淘汰，从而降低了企业的第一类代理成本。Holmstrom and Kaplan（2001）通过回顾美国20世纪80年代和90年代的公司并购事件发现，整体而言，并购增加了并购方和被并方的整体价值。这些来自国外的相关实证研究说明，公司治理对于抑制第一类代理成本还是有效的。

　　那么，国外对于公司治理对第二类代理成本产生影响的实证研究又有何发现呢？LaPorta et al.（2002）和Claessens et al.（2002）都发现，控股股东的现金流权有利于提升企业价值，而控股股东控制权和现金流权的分离（下称"两权分离"）则降低了企业价值。这源于控股股东的两权分离所造成的控股股东对小股东的掏空。Lemmon and Lins（2003）利用东亚金融危机期间的数据发现，管理层的两权分离加剧了金融危机期间大股东对小股东的盘剥程度，特别是当管理层也是大股东时，这种盘剥程度更高。Mitton（2002）同样采用东亚金融危机期间的数据发现，公司治理状况显著影响了危机期间公司股价的下跌程度。他发现，有着高信息披露质量、高外部投资者所有权，或高专业化程度的公司，股价下跌程度较低。

这反映了公司治理对大股东掏空的重要抑制作用。

那么，基于中国上市公司的研究是否有同样发现呢？我们先阐述公司治理对第一类代理成本影响的相关研究。黄志忠和白云霞（2008）发现，在私营企业，管理者持股有利于降低代理成本。陈建林（2010）采用家族企业的数据同样发现，高管薪酬和高管持股都可以降低代理成本。曾庆生和陈信元（2006）发现，虽然董事会的独立性在国有企业和非国有企业存在差异，但是它对权益代理成本没有产生显著影响。高雷和宋顺林（2007）则发现，独立董事可以降低第一类代理成本。姜付秀等（2009）综合考察了公司治理对第一类代理成本的影响。他们发现，第一大股东的持股比例增加了代理成本，而董事会的独立性降低了代理成本。李明辉（2009）也有类似发现。综合来看，这些基于中国上市公司的研究说明，公司治理有助于降低第一类代理成本。

关于公司治理如何影响第二类代理成本的研究在中国则更为丰富。李增泉等（2004）发现，大股东持股比例与其掏空程度呈倒 U 型关系，但其他股东的持股比例却可以降低大股东的掏空。高雷等（2006）综合考察了各类公司治理机制对大股东掏空的影响并发现，管理层持股、信息披露透明度、投资者保护以及产品市场竞争都是抑制大股东掏空的有效机制，股权集中和企业集团控制则加剧了大股东掏空。王鹏和周黎安（2006）进一步发现，控股股东的两权分离增加了企业的第二类代理成本。基于现有文献未能发现董事会的独立性可以抑制大股东掏空的背景，叶康涛等（2007）在解决了董事会独立性的内生性之后发现，它可以降低大股东对企业的掏空程度。可见，公司治理对第二类代理成本具有广泛的抑制作用。

综合来看，国内外的实证研究都发现，完善的公司治理机制可以有效降低企业的第一类代理成本和第二类代理成本。

在公司治理机制可以降低企业的代理成本这一基础之上，公司治理对所得税规避会产生何种影响呢？对这一问题存在两种理论解释。

一方面，所得税规避的代理理论认为，所得税规避会引发代理成本（正如前三章所发现的），那么好的公司治理应该会抑制企业的所得税规避行为。另一方面，按照传统的所得税规避理论，好的公司治理会抑制经理人和大股东的机会主义行为，从而使经理人和大股东的利益与企业一致。此时，为了企业价值的最大化，这类公司应该会更多地从事所得税规避活动。因此，好的公司治理应该会促进企业的所得税规避。

那么，这两种理论到底孰是孰非？或者说，谁更具有解释力呢？这正是本章所要研究的问题。如果实证结论支持"好的公司治理会抑制企业的所得税规避"这一理论预期，那么这将是对前述实证结论的一个有力支撑。如果实证结论支持"好的公司治理会促进企业的所得税规避"这一理论预期，那说明所得税规避的代理理论仅能部分解释企业的税收行为，传统的所得税规避理论可能更具解释力。

因此，在这一章，我们并不对实证结论作一个明确的判断，而是留待后面具体的实证检验结果再展开分析。

7.2　　研究设计

7.2.1　实证模型

为了考察公司治理对所得税规避的影响，我们设置了如下实证模型：

$$TA_{i,t}=\alpha_0+\alpha_1 Corporate\ Governance\ Variables_{i,t}+\alpha_2 ROA_{i,t}+\alpha_3 SIZE_{i,t}+\alpha_4 LEV_{i,t}+$$
$$\alpha_5 GROWTH_{i,t}+\alpha_6 EQINC_{i,t}+\alpha_7 PPE_{i,t}+\alpha_8 INTANG_{i,t}+\alpha_9 INVENT_{i,t}+$$
$$\alpha_{10}DA_{i,t}+Year\ Dummies+Industry\ Dummies+\varepsilon_{i,t} \qquad (7-1)$$

模型的左边为所得税规避的衡量指标，模型的右边为公司治理的衡量指标及相关的控制变量。我们主要关注 α_1 的回归系数及其显著性。

7.2.2　变量界定

1.所得税规避（TA）

与前述所得税规避刻度变量的选取有略微差异，我们在本章采用三个指标来衡量企业的所得税规避程度，分别是实际所得税税率和名义所得税税率之差（RATE_DIFF）、会计–税收差异（BTD）和扣除应计利润影响之后的会计–税收差异（DDBTD）。具体的变量定义方法参见前述内容。

需要说明的是，本章没有采用长期的实际所得税税率和名义所得税率之差（LRATE_DIFF）作为模型的因变量，主要基于以下考虑：我国在2008 年开始实行新的所得税法，新税法对原有的企业所得税制度和相关政策进行了重大调整。这使得影响企业所得税规避或所得税税负的因素都发生了很大程度的改变，从而实证模型在所得税变革的前后不具可比性。为了使本书的结论更具时效性和政策意义，本章的样本选取为所得税改革之后的 2008—2011 年①。因为 LRATE_DIFF 的计算需要递延到所得税改革之前的 4 年，这将使得模型的因变量和自变量不匹配。因此，在这一章的研究中，我们放弃了 LRATE_DIFF 这一指标②。

2.公司治理

我们的实证研究选取了以下八个公司治理变量：最终控制人的控制权与现金流权的分离程度（WEDGE）；第二至第十大股东持股比例的集中度（CSTR2_10）；高管薪酬（LNPAY）；高管是否持股（EXHOLD）；独立董事的比重（OUTRATIO）；董事长和总经理的两职合一（DUAL）；是否在其他股票市场交易（HBSHARE）；投资者保护环境（LEGAL）。

WEDGE 和 CSTR2_10 这两个变量用来反映企业的股权结构。不同于以往的研究（如白重恩等，2005），我们并没有选取第一大股东的持股比例来刻画企业的股权结构。这主要是因为海量的研究表明，企业的最终控股股东，而非直接控股股东，才是对企业产生重要影响的利益主体（LaPorta et al.，1999；刘芍佳等，2003）。进一步地，最终控制人的控制权与现金流权的分离程度（以下简称"两权分离程度"）是构成这一影响的最重要特征。一般来说，最终控制人的两权分离程度越大，公司的治理机制越薄弱，从而投资者对企业的折价也越严重（Claessens et al.，2002；张华等，2004）。CSTR2_10 反映了企业的股权制衡度等于第二到第十大股东持股比例的平方和。白重恩等（2005）认为，这一变量可以通过三种途径影响企业的公司治理水平。首先，第二到第十大股东的持股比例越多，其抑制大股东自利行为的能力越强。其次，第二到第十大股东可以对

---

① 关于样本选取的依据详见后文介绍。
② 需要指出的是，为什么在研究所得税规避的经济后果时，虽然研究样本跨越了所得税改革的前后，我们却仍然采用了这一指标呢？这是因为在前文的研究中，因变量并非所得税规避，这使得所得税改革对模型的影响并不大。而且，我们在稳健性测试中，也进一步考虑了所得税改革的影响。此外，现有的实证研究在考察所得税规避的影响因素时，也没有采用 LRATE_DIFF 作为因变量的。只是在考察所得税规避的经济后果时，会采用 LRATE_DIFF 作为模型的自变量。

大股东的控制权构成威胁。当公司因为经营不善面临破产时，这些股东的持股比例越多，越有可能替代大股东接管企业。因此，在面临这一威胁时，大股东有动机经营好企业；最后，这些大股东也可以对经理人实施有效的监督，从而抑制经理人的机会主义行为。

LNPAY 和 EXHOLD 是反映上市公司高管薪酬机制的替代变量。LNPAY 是指经理人的现金薪酬，等于前三名高管平均薪酬的自然对数。不同于美国等发达资本市场，我国上市公司对经理人的激励主要还是现金薪酬，而非股票期权。理论上，对经理人的现金激励程度越大，其提升公司价值的动力越大。现有的基于中国的经验证据也发现，现金薪酬的激励可以显著降低代理冲突，提高企业价值（姜付秀和黄继承，2011）。此外，虽然股票期权在我国还不是很普遍，但是也有一定数量的上市公司给予了高管股权激励。而且，现有的实证研究发现，虽然高管持股在我国并不普遍，但是它仍然可以显著降低企业的代理问题，有效保护资本市场中小投资者的利益（董艳和李凤，2011）。具体来说，EXHOLD 是高管持股的虚拟变量，当高管持有股份时，EXHOLD 取 1，否则为 0。

OUTRATIO 和 DUAL 则是反映上市公司董事会结构的变量。OUTRATIO 是独立董事的比重，等于独立董事的人数除以董事总人数。理论上，独立董事比重越高的公司，董事会被经理人或大股东操纵的可能性越低。独立董事为了维护其声誉，可以通过提出反对意见来制止经理人或大股东对企业价值的毁损行为。现有的经验证据对此也进行了证明。王跃堂等（2006）发现，独立董事比重越高的公司，绩效越高。叶康涛等（2007）在对独立董事比重的内生性进行消除之后发现，独立董事可以有效抑制大股东对企业的掏空行为。此外，叶康涛等（2011）则发现，独立董事对公司提案发表异议时，可以提升企业价值。因此，综合来看，独立董事确实可以改善公司治理机制。DUAL 是董事长与总经理是否合一的虚拟变量，当上市公司的董事长兼任总经理时，DUAL 取 1，否则为 0。一般而言，一方面，董事长和总经理的两职合一会导致董事会丧失独立性，从而对经理人的监督作用降低；另一方面，这会使得经理人的权力过大，从而会难以被监督。

HBSHAER 是一个虚拟变量，当上市公司同时发行 H 股或 B 股时，取 1，否则为 0。白重恩等（2005）认为，一方面，当上市公司同时在其他股票市场挂牌交易时，其财务信息的披露程度和公司的透明度会提高；另一方面，多个股票市场的监督会强化这些企业中小投资者权益保护的机制。因此，这些公司的治理状况会更好。

法与金融学派的一系列研究表明，投资者保护环境是决定一国资本市场发展和微观企业价值等的重要因素（La Porta et al.，1998，2002）。可以说，它是公司治理的重中之重。樊纲和王小鲁（2011）构建了中国各地区的市场化进程以及投资者保护差异的指数。借鉴他们的研究成果，我们采用"市场中介组织的发育和法律制度环境"这一指数来衡量各地区的投资者保护程度。因为这一指数只披露到2009年，考虑到这一指数在年度间的变动较小，我们采用2008年和2009年各地区这一指数的平均值来衡量LEGAL。

需要特别指出的是，我们并没有将是否国有控股作为公司治理的衡量变量。因为是否国有控股对所得税规避的影响主要源于政府干预，而非公司治理。此外，为了防止这一因素对研究结论的影响，我们会对国有控股和非国有控股公司进行分样本回归。

3.控制变量

借鉴 Chen et al.（2010）和吴联生（2009），我们在模型中设置了如下控制变量：业绩水平（ROA），它等于税前利润除以总资产。企业规模（SIZE），它等于年末总收入的自然对数。按照政治成本假说，大公司面临着更高的政治成本，会较多受到社会公众和政府的关注，从而大公司更不可能进行所得税规避。负债水平（LEV），它等于年末总负债除以总资产。债务的税盾效应可能会使得负债率越高的企业，实际所得税税率越低。成长性（GROWTH），其用营业收入的增长率来衡量。成长性企业受到更多关注，从而可能难以开展所得税规避活动。投资收益（EQINC），它等于年末投资收益占总资产的比重。我国税法规定，投资收益可以税前扣除，因此投资收益越多的企业，实际所得税税率可能越低。有形资本密集度（PPE），它等于年末固定资产净值占总资产的比重。公司的资本密集度越高，将有更多的空间采用不同的固定资产折旧方法等，所以这类公司更可能拥有较低的所得税税负。无形资本密集度（INTANG），它等于年末无形资产净值占总资产的比重。由于研发费用的部分税收抵免效应，无形资产越多的企业，可能实际所得税税率越低。

存货密集度（INVENT），它等于年末存货净值占总资产的比重。盈余管理程度（DA），上市公司可能会通过非应税项目进行盈余管理，从而盈余管理程度越高，所得税规避程度越高（叶康涛和刘行，2011）。我们通过分行业、分年度的横截面修正Jones（1991）模型估算得到DA。最后，我们还在模型中加入了年度和行业虚拟变量来控制年度和行业效应。

7.2.3　样本选择

本章采用中国2008—2011年的A股上市公司作为初始研究样本。之所以样本期间从2008年开始，这是因为我国于2008年开始执行新的所得税法。为了防止制度变迁对结论的影响，我们只选择了所得税改革之后的样本。在上述样本的基础上，我们进一步执行了如下剔除程序：（1）剔除了金融行业的样本。（2）剔除了实际所得税税率异常（大于1和小于0）的样本。这一剔除程序与国内外现有的关于企业避税的文献一致（Chen et al.，2010；Cheng et al.，2012；McGuire et al.，2012；吴联生，2009）。（3）税前利润小于等于0的样本。当公司的税前利润小于0时，会使得实际所得税税率的计算出现偏差。因为，如果企业的所得税费用和税前利润都小于0，则实际所得税税率为正，这显然与实际不符。当税前利润等于0时，实际所得税税率则无法计算。（4）研究所需数据缺失的样本。最终，本章共得到4 918个公司/年度观测值。

样本构成见表7-1。国有控股的观测值有2 583个，占样本总量的53%，非国有控股的样本占比47%。这说明在近几年，非国有上市公司的数量已经在逐步增多，开始与国有上市公司的数量大致持平。

表7-1　　　　　　　　　　**样本的构成情况表**

年度	国有控股	非国有控股	合计
2008	556	385	941
2009	611	444	1 055
2010	691	598	1 289
2011	725	908	1 633
合计	2 583	2 335	4 918

注：国有控股是指上市公司的最终控制人为国有。

7.3 ———————— 描述性统计与相关分析 ————————

7.3.1 描述性统计

表7-2列示了样本的描述性统计结果。描述性统计结果被分为三个部分，分别为全样本、非国有企业和国有企业。在全样本中，RATE_DIFF和BTD的均值和中位数均为负，这说明大部分样本企业并没有进行所得税规避，但是DDBTD的均值和中位数均为正。此外，三个所得税规避指标的平均值都显示，非国有企业的所得税规避程度要大于国有企业，但是中位数的结果却并不一致。

表7-2 **描述性统计结果**

变量名称	全样本			非国有企业			国有企业		
	平均值	中位数	标准差	平均值	中位数	标准差	平均值	中位数	标准差
RATE_DIFF	−0.0205	−0.0065	0.1437	−0.0166	−0.0050	0.1341	−0.0239	−0.0088	0.1517
BTD	−0.0025	−0.0021	0.0411	−0.0017	−0.0023	0.0422	−0.0032	−0.0019	0.0400
DDBTD	0.0001	0.0005	0.0409	0.0008	0.0002	0.0420	−0.0005	0.0007	0.0399
WEDGE	0.0605	0.0000	0.0835	0.0784	0.0495	0.0855	0.0443	0.0000	0.0782
CSTR2_10	0.0174	0.0069	0.0237	0.0213	0.0132	0.0232	0.0140	0.0035	0.0237
LNPAY	13.8784	13.8779	0.7395	13.8090	13.8247	0.7379	13.9411	13.9430	0.7355
EXHOLD	0.5437	1.0000	0.4981	0.6261	1.0000	0.4839	0.4692	0.0000	0.4991
OUTRATIO	0.3654	0.3333	0.0540	0.3684	0.3333	0.0520	0.3627	0.3333	0.0556
DUAL	0.1938	0.0000	0.3953	0.3143	0.0000	0.4644	0.0848	0.0000	0.2786
HBSHARE	0.0657	0.0000	0.2477	0.0257	0.0000	0.1583	0.1018	0.0000	0.3025
LEAGL	10.7987	7.9650	5.0700	11.5924	13.1900	5.0202	10.0764	7.7550	5.0077
ROA	0.0655	0.0536	0.0507	0.0720	0.0630	0.0506	0.0597	0.0462	0.0502
SIZE	21.1979	21.0944	1.5052	20.6650	20.6988	1.2983	21.6796	21.5035	1.5171
LEV	0.4584	0.4689	0.2066	0.3925	0.3969	0.2056	0.5180	0.5338	0.1887
GROWTH	0.2765	0.1758	0.5900	0.2781	0.1804	0.6038	0.2750	0.1712	0.5774
EQINC	0.0079	0.0008	0.0193	0.0070	0.0002	0.0196	0.0087	0.0015	0.0189
PPE	0.2423	0.2074	0.1744	0.2070	0.1793	0.1507	0.2742	0.2412	0.1877
INTANG	0.0463	0.0307	0.0545	0.0432	0.0314	0.0461	0.0492	0.0298	0.0609
INVENT	0.1801	0.1398	0.1621	0.1840	0.1390	0.1664	0.1766	0.1416	0.1581
DA	0.0170	0.0115	0.0893	0.0271	0.0185	0.0941	0.0078	0.0050	0.0837

两权分离程度指标的结果显示，非国有企业的两权分离程度要明显大于国有企业，不管是平均值还是中位数。这说明采用控制权和现金流权分离来控制企业的方法在非国有公司更常见。第二到第十大股东的股权集中度较低，这说明我国上市公司一股独大的现象依然存在，且这一现象在非国有企业更甚。非国有企业高管的薪酬要略低于国有企业，当然这并不代表两者的差异显著。高管持股的结果也很有意思。我们发现，在非国有企业中，有接近63%的高管持有公司股份，这一方面说明非国有企业的高管激励更普遍，另一方面也可能是因为家族企业的创始人同时也担任企业高管。国有企业中有高管持股的公司也占到了47%，这与近年来国资委倡导国有企业实行对高管的股权激励不无关系。独立董事的持股比例在非国有企业和国有企业大体一致，均值都在36%左右，而中位数则均为33%。HBSHARE的描述性统计结果显示，有10%的国有企业同时在海外挂牌上市，而在非国有企业中，这一比例仅为3%。这一变量在两种类型企业之间的差异与国有企业的政治动机有关（Hung et al.，2012）。LEGAL的结果显示，非国有企业所在地区的投资者保护程度的平均值和中位数分别为11.6和13.2，都要高于国有企业样本的10.1和7.8，这说明非国有上市公司更有可能处于投资者保护程度较高的地区。

其他控制变量的描述性统计结果与以往的研究大体一致，就不再一一赘述。除EQINC以外，这些变量的平均值与中位数都较为接近，这说明这些变量大体符合正态分布。

7.3.2 相关性分析

我们在表7-3中列示了所有变量的相关系数表。Panel A为所得税规避变量与公司治理变量的相关系数情况。我们首先来看非国有企业的情况。三个所得税规避指标高度正相关，这说明这三个指标的指向是一致的。WEDGE与所得税规避指标的相关系数虽然为正，但不显著。CSTR2_10与RATE_DIFF的相关系数显著为正，但是与BTD和DDBTD的相关系数却不显著。LNPAY与三个所得税规避指标的相关系数均显著为负。EXHOLD与RATE_DIFF的相关系数显著为负，但是与其他两个指标的相关系数不显著为负。LEGAL与三个所得税规避指标的相关系数均显著为负。其他三个公司治理变量与所得税规避指标的相关系数均不显著。

表7-3 　　　　　　　　**变量的Pearson相关系数表**

Panel A:所得税规避与公司治理变量的相关系数表

变量	序号	(1)	(2)	(3)	(4)	(5)	(6)	(7)	(8)	(9)	(10)	(11)
RATE_DIFF	(1)	—	0.63	0.63	0.00	0.02	-0.02	0.00	-0.02	0.03	0.01	-0.01
BTD	(2)	0.61	—	1.00	-0.01	0.01	-0.04	0.02	-0.01	0.01	0.04	0.03
DDBTD	(3)	0.61	1.00	—	-0.01	0.01	-0.04	0.02	-0.01	0.01	0.04	0.03
WEDGE	(4)	0.02	0.01	0.01	—	0.03	0.04	-0.08	-0.08	-0.03	0.03	-0.08
CSTR2_10	(5)	0.04	0.03	0.03	-0.14	—	0.15	-0.04	-0.01	0.01	0.31	-0.02
LNPAY	(6)	-0.05	-0.09	-0.09	0.03	0.09	—	0.20	0.06	0.01	0.21	0.30
EXHOLD	(7)	-0.03	-0.01	-0.02	-0.24	0.12	0.20	—	-0.03	0.05	0.03	0.12
OUTRATIO	(8)	0.00	0.01	0.01	-0.09	-0.03	-0.01	-0.03	—	0.02	0.08	0.03
DUAL	(9)	-0.01	-0.01	-0.01	-0.15	0.05	0.03	0.11	0.09	—	-0.03	0.01
HBSHARE	(10)	-0.01	-0.03	-0.03	0.08	-0.04	0.05	-0.06	0.00	0.06	—	0.23
LEGAL	(11)	-0.06	-0.06	-0.06	-0.04	0.11	0.20	0.17	-0.06	0.09	0.04	—

Panel B:控制变量的相关系数表

变量	序号	(12)	(13)	(14)	(15)	(16)	(17)	(18)	(19)	(20)
ROA	(12)	—	0.07	-0.42	0.12	0.13	-0.08	0.13	-0.14	0.05
SIZE	(13)	0.16	—	0.36	0.08	-0.10	0.04	-0.09	0.04	-0.03
LEV	(14)	-0.32	0.45	—	0.12	-0.14	-0.01	-0.09	0.26	-0.03
GROWTH	(15)	0.12	0.11	0.09	—	-0.04	-0.04	0.02	0.06	-0.03
EQINC	(16)	0.15	-0.05	0.03	-0.03	—	-0.16	-0.04	-0.09	0.20
PPE	(17)	-0.10	0.12	0.09	-0.08	-0.04	—	0.02	-0.50	-0.08
INTANG	(18)	-0.04	-0.04	0.05	-0.04	0.03	0.20	—	-0.27	-0.11
INVENT	(19)	-0.10	0.19	0.46	0.10	-0.06	-0.32	-0.23	—	0.14
DA	(20)	0.12	0.03	0.00	0.00	0.15	-0.19	-0.11	0.23	—

　　注：相关系数的下半部分为非国有企业样本的相关系数表，上半部分为国有企业样本的相关系数表；加粗的数字表示相关系数在10%或以下水平显著；相关系数保留到小数点后两位。

　　我们再来看国有企业的情况。我们只发现LNPAY和HBSHARE与所得税规避指标的相关系数呈现出了显著性。具体而言，LNPAY与BTD和DDBTD的相关系数显著为负，这与非国有企业的情况颇为一致。HBSHARE与BTD和DDBTD的相关系数则显著为正。

综合表 7-3Panel A 的结果，我们发现虽然所得税规避与公司治理变量之间呈现出了一定的相关性，但是并无统一的结论。通过相关性系数，我们无法判断公司治理到底是促进了还是抑制了企业的所得税规避。

Panel B 列示了控制变量的相关系数表。结果显示，大部分变量两两之间的相关系数均显著，但是相关系数均小于 0.5，这说明控制变量并不存在严重的多重共线性问题。

7.4 ─── 公司治理对所得税规避影响的实证检验 ───

7.4.1　全样本分析

表 7-4 列示了全样本分析的最小二乘法回归结果，其中所得税规避的指标为 RATE_DIFF。按照公司治理指标的不同，表 7-4 的结果被分为9 个部分，其中（1）～（8）为单独的公司治理变量对 RATE_DIFF 影响的实证检验结果，（9）为所有公司治理变量一起对 RATE_DIFF 影响的实证检验结果。结果显示，8 个公司治理变量中，LNPAY、EXHOLD 和 LEGAL 的回归系数显著为负。这说明，对高管的现金激励和股权激励及投资者保护可以显著降低企业的所得税规避程度。这一结论支持"好的公司治理会抑制所得税规避"这一观点。不过，当我们将所有的公司治理变量放入一起回归时，只有 LNPAY 的回归系数依然显著为负。

在其他变量的回归结果中，ROA 显著为正，这说明税前利润率越高的企业，所得税规避的动机越强。这源于利润率越高的企业进行所得税规避的收益更大。SIZE 的回归系数显著为负，这说明规模越大的企业，所得税规避程度越低，这支持政治成本假说。EQINC 的回归系数显著为正，这符合我们的理论预期。投资收益可以税前扣除，所以这些企业的税负较低。PPE 的回归系数显著为正，这说明资本密集度越高的企业，所得税规避程度越高。与之相反，INVENT 的回归系数显著为负，这说明存货密集度越高的企业，所得税规避程度越低。此外，DA 的回归系数均在1% 的置信水平显著为正，这说明企业在利用非应税项目进行盈余管理，

表7-4　　公司治理对RATE_DIFF影响的实证检验结果（全样本）

	(1)	(2)	(3)	(4)	(5)	(6)	(7)	(8)	(9)
WEDGE	0.0313	—	—	—	—	—	—	—	0.0192
	(1.35)	—	—	—	—	—	—	—	(0.81)
CSTR2_10	—	0.0343	—	—	—	—	—	—	0.0482
	—	(0.44)	—	—	—	—	—	—	(0.60)
LNPAY	—	—	−0.0099***	—	—	—	—	—	−0.0087***
	—	—	(−3.08)	—	—	—	—	—	(−2.64)
EXHOLD	—	—	—	−0.0095**	—	—	—	—	−0.0064
	—	—	—	(−2.25)	—	—	—	—	(−1.49)
OUTRATIO	—	—	—	—	−0.0002	—	—	—	−0.0060
	—	—	—	—	(−0.00)	—	—	—	(−0.15)
DUAL	—	—	—	—	—	−0.0013	—	—	0.0017
	—	—	—	—	—	(−0.24)	—	—	(0.32)
HBSHARE	—	—	—	—	—	—	0.0126	—	0.0141
	—	—	—	—	—	—	(1.27)	—	(1.40)
LEGAL	—	—	—	—	—	—	—	−0.0008*	−0.0006
	—	—	—	—	—	—	—	(−1.88)	(−1.45)
ROA	0.4163***	0.4189***	0.4518***	0.4259***	0.4198***	0.4199***	0.4244***	0.4184***	0.4516***
	(8.59)	(8.66)	(9.10)	(8.79)	(8.69)	(8.67)	(8.78)	(8.60)	(9.08)
SIZE	−0.0051***	−0.0051***	−0.0028	−0.0048**	−0.0051***	−0.0051***	−0.0058***	−0.0041**	−0.0027
	(−2.65)	(−2.67)	(−1.34)	(−2.51)	(−2.66)	(−2.68)	(−2.86)	(−2.11)	(−1.24)
LEV	−0.0253	−0.0234	−0.0253	−0.0265	−0.0241	−0.0243	−0.0231	−0.0294*	−0.0302*
	(−1.54)	(−1.42)	(−1.55)	(−1.62)	(−1.48)	(−1.49)	(−1.41)	(−1.78)	(−1.79)
GROWTH	0.0022	0.0021	0.0015	0.0018	0.0021	0.0021	0.0023	0.0018	0.0013
	(0.58)	(0.55)	(0.40)	(0.47)	(0.55)	(0.56)	(0.60)	(0.47)	(0.36)
EQINC	0.6017***	0.6075***	0.6128***	0.6018***	0.6038***	0.6020***	0.5893***	0.6228***	0.6183***
	(4.39)	(4.43)	(4.47)	(4.40)	(4.41)	(4.37)	(4.29)	(4.57)	(4.47)
PPE	0.0806***	0.0811***	0.0764***	0.0795***	0.0806***	0.0805***	0.0814***	0.0766***	0.0744***
	(4.99)	(5.01)	(4.72)	(4.93)	(4.99)	(4.96)	(5.05)	(4.71)	(4.55)
INTANG	−0.0140	−0.0145	−0.0185	−0.0166	−0.0142	−0.0143	−0.0172	−0.0231	−0.0324
	(−0.33)	(−0.34)	(−0.43)	(−0.39)	(−0.33)	(−0.33)	(−0.40)	(−0.53)	(−0.75)
INVENT	−0.0435**	−0.0432**	−0.0442**	−0.0431**	−0.0437**	−0.0437**	−0.0420**	−0.0431**	−0.0402**
	(−2.14)	(−2.11)	(−2.17)	(−2.12)	(−2.15)	(−2.15)	(−2.06)	(−2.12)	(−1.97)
DA	0.0854***	0.0848***	0.0871***	0.0877***	0.0854***	0.0856***	0.0868***	0.0858***	0.0894***
	(3.73)	(3.70)	(3.80)	(3.82)	(3.72)	(3.71)	(3.78)	(3.74)	(3.86)
截距项	0.1101***	0.1407**	0.2017***	0.1107***	0.1104***	0.1116***	0.1235***	0.1677***	0.2223***
	(2.65)	(2.56)	(4.00)	(2.69)	(2.56)	(2.67)	(2.86)	(3.04)	(3.41)
年度-行业	Yes	Yes	Yes	Yes	Yes	Yes	Yes	Yes	Yes
N	4 918	4 917	4 918	4 918	4 918	4 918	4 918	4 880	4 879
R²	0.080	0.080	0.081	0.081	0.080	0.080	0.080	0.080	0.082
F	11.97	11.95	11.99	12.08	11.99	11.96	12.09	11.87	10.03

注：***、**和*表示回归系数在1%、5%和10%的置信水平显著；括号内的数字为t值；t值的计算基于稳健标准差。

从而逃避盈余管理可能带来的税收负担。

表7-5则列示了以BTD为所得税规避指标的实证检验结果。结果显

示，8个公司治理变量中，只有LNPAY的回归系数显著为负，这再一次说明对高管的现金激励可以降低企业的所得税规避程度。但是，股权激励变量EXHOLD和投资者保护程度LEGAL不再显著。

表7-5 公司治理对BTD影响的实证检验结果（全样本）

	(1)	(2)	(3)	(4)	(5)	(6)	(7)	(8)	(9)
WEDGE	0.0030	—	—	—	—	—	—	—	0.0021
	(0.41)	—	—	—	—	—	—	—	(0.29)
CSTR2_10	—	0.0225	—	—	—	—	—	—	0.0296
	—	(0.96)	—	—	—	—	—	—	(1.23)
LNPAY	—	—	−0.0042***	—	—	—	—	—	−0.0043***
	—	—	(−4.16)	—	—	—	—	—	(−4.07)
EXHOLD	—	—	—	−0.0012	—	—	—	—	−0.0002
	—	—	—	(−1.01)	—	—	—	—	(−0.19)
OUTRATIO	—	—	—	—	0.0090	—	—	—	0.0079
	—	—	—	—	(0.83)	—	—	—	(0.72)
DUAL	—	—	—	—	—	−0.0006	—	—	−0.0002
	—	—	—	—	—	(−0.39)	—	—	(−0.13)
HBSHARE	—	—	—	—	—	—	0.0033	—	0.0035
	—	—	—	—	—	—	(1.36)	—	(1.41)
LEGAL	—	—	—	—	—	—	—	−0.0001	−0.0000
	—	—	—	—	—	—	—	(−1.05)	(−0.33)
ROA	0.0367*	0.0365*	0.0508**	0.0378*	0.0379*	0.0371*	0.0383*	0.0375*	0.0526**
	(1.78)	(1.76)	(2.38)	(1.83)	(1.83)	(1.80)	(1.86)	(1.81)	(2.43)
SIZE	−0.0006	−0.0006	0.0004	−0.0005	−0.0006	−0.0006	−0.0008	−0.0004	0.0003
	(−1.14)	(−1.17)	(0.72)	(−1.08)	(−1.20)	(−1.17)	(−1.44)	(−0.73)	(0.60)
LEV	−0.0085**	−0.0081*	−0.0090**	−0.0087**	−0.0082*	−0.0085**	−0.0082*	−0.0092**	−0.0087**
	(−2.01)	(−1.91)	(−2.11)	(−2.07)	(−1.93)	(−2.02)	(−1.93)	(−2.15)	(−2.04)
GROWTH	−0.0068***	−0.0068***	−0.0070***	−0.0068***	−0.0068***	−0.0068***	−0.0067***	−0.0068***	−0.0070***
	(−3.10)	(−3.12)	(−3.24)	(−3.13)	(−3.12)	(−3.11)	(−3.09)	(−3.10)	(−3.21)
EQINC	0.2638***	0.2665***	0.2678***	0.2637***	0.2639***	0.2631***	0.2602***	0.2637***	0.2657***
	(4.71)	(4.77)	(4.80)	(4.72)	(4.72)	(4.68)	(4.61)	(4.68)	(4.66)
PPE	0.0193***	0.0196***	0.0175***	0.0192***	0.0194***	0.0193***	0.0196***	0.0190***	0.0180***
	(4.67)	(4.71)	(4.20)	(4.62)	(4.69)	(4.62)	(4.71)	(4.52)	(4.23)
INTANG	−0.0090	−0.0090	−0.0109	−0.0093	−0.0090	−0.0090	−0.0098	−0.0132	−0.0160
	(−0.76)	(−0.76)	(−0.92)	(−0.79)	(−0.76)	(−0.76)	(−0.83)	(−1.09)	(−1.32)
INVENT	−0.0211***	−0.0208***	−0.0214***	−0.0211***	−0.0212***	−0.0211***	−0.0207***	−0.0212***	−0.0204***
	(−3.68)	(−3.62)	(−3.72)	(−3.68)	(−3.69)	(−3.68)	(−3.59)	(−3.68)	(−3.51)
DA	0.0340***	0.0337***	0.0347***	0.0342***	0.0339***	0.0341***	0.0343***	0.0343***	0.0351***
	(3.80)	(3.77)	(3.89)	(3.83)	(3.79)	(3.81)	(3.84)	(3.83)	(3.90)
截距项	0.0294**	0.0141	0.0687***	0.0295**	0.0267**	0.0300**	0.0329**	0.0177*	0.0506***
	(2.33)	(1.35)	(4.23)	(2.34)	(2.05)	(2.34)	(2.53)	(1.66)	(3.31)
年度-行业	Yes	Yes	Yes	Yes	Yes	Yes	Yes	Yes	Yes
N	4 918	4 917	4 918	4 918	4 918	4 918	4 918	4 880	4 879
R²	0.079	0.079	0.083	0.079	0.079	0.079	0.079	0.079	0.083
F	8.18	8.18	8.49	8.23	8.19	8.18	8.32	8.07	7.04

注：***、**和*表示回归系数在1%、5%和10%的置信水平显著；括号内的数字为t值；t值的计算基于稳健标准差。

此外，因为以 DDBTD 为所得税规避指标的实证检验结果与表 7-5 非常相似，因此，我们并未对那一部分结果单独报告。后面也做同样处理。

总之，全样本的实证检验结果表明，对高管的激励可以降低企业的所得税规避程度，投资者保护程度的提升也可以降低企业的所得税规避程度。其中，对高管的现金激励、股权激励和投资者保护程度对实际所得税税率产生了影响，而只有对高管的现金激励对会计−税收差异存在影响。那么，公司治理对所得税规避的影响，在国有企业和非国有企业又有何不同呢？这正是我们后面需要检验的。

7.4.2 非国有企业样本

表 7-6 列示了以 RATE_DIFF 为所得税规避指标，以非国有企业为观测样本的实证检验结果。在对公司治理变量单独回归时，结果显示，WEDGE 的回归系数在 1% 的置信水平显著为正，这说明最终控制人的两权分离程度越高，所得税规避越严重。LNPAY 和 EXHOLD 的回归系数均显著为负，这与全样本回归的结果一致，说明在非国有企业中，对高管的现金激励和股权激励都可以显著降低企业的所得税规避程度。DUAL 的回归系数在 10% 的置信水平显著为负，这说明董事长和总经理的两职合一降低了非国有企业的所得税规避程度。LEGAL 的回归系数在 1% 的置信水平显著为负，这说明非国有企业所在地区的投资者保护程度越高，所得税规避程度越低。

然而，将所有公司治理变量放入同一方程进行回归后，结果发生了一定的变化。只有 WEDGE、LNPAY 和 LEGAL 的回归系数依然显著。这说明最终控制人的两权分离程度、对高管的现金激励和投资者保护程度对所得税规避的影响比较稳定。

控制变量的回归结果与全样本有略微差异。EQINC 和 INVENT 变得不再显著，INTANG 的回归系数则显著为负，这说明无形资产越多的非国有企业，所得税规避程度越低。

表7-6　　公司治理对RATE_DIFF影响的实证检验结果（非国有企业）

	(1)	(2)	(3)	(4)	(5)	(6)	(7)	(8)	(9)
WEDGE	0.0959***	—	—	—	—	—	—	—	0.0783**
	(2.78)	—	—	—	—	—	—	—	(2.19)
CSTR2_10	—	0.0679	—	—	—	—	—	—	0.1386
	—	(0.63)	—	—	—	—	—	—	(1.27)
LNPAY	—	—	−0.0114***	—	—	—	—	—	−0.0088**
	—	—	(−2.69)	—	—	—	—	—	(−2.01)
EXHOLD	—	—	—	−0.0143**	—	—	—	—	−0.0072
	—	—	—	(−2.35)	—	—	—	—	(−1.14)
OUTRATIO	—	—	—	—	−0.0257	—	—	—	−0.0249
	—	—	—	—	(−0.45)	—	—	—	(−0.44)
DUAL	—	—	—	—	—	−0.0108*	—	—	−0.0061
	—	—	—	—	—	(−1.70)	—	—	(−0.98)
HBSHARE	—	—	—	—	—	—	−0.0055	—	−0.0025
	—	—	—	—	—	—	(−0.23)	—	(−0.11)
LEGAL	—	—	—	—	—	—	—	−0.0015***	−0.0013**
	—	—	—	—	—	—	—	(−2.74)	(−2.26)
ROA	0.4776***	0.4773***	0.5157***	0.4805***	0.4777***	0.4785***	0.4784***	0.4786***	0.5012***
	(6.77)	(6.80)	(7.23)	(6.82)	(6.82)	(6.81)	(6.82)	(6.82)	(7.02)
SIZE	−0.0155***	−0.0143***	−0.0116***	−0.0135***	−0.0144***	−0.0148***	−0.0143***	−0.0136***	−0.0125***
	(−4.53)	(−4.22)	(−3.25)	(−3.95)	(−4.23)	(−4.34)	(−4.20)	(−3.99)	(−3.46)
LEV	−0.0110	−0.0056	−0.0094	−0.0132	−0.0075	−0.0099	−0.0072	−0.0153	−0.0208
	(−0.42)	(−0.21)	(−0.36)	(−0.50)	(−0.29)	(−0.38)	(−0.28)	(−0.59)	(−0.78)
GROWTH	0.0037	0.0031	0.0027	0.0030	0.0032	0.0033	0.0031	0.0029	0.0032
	(0.69)	(0.57)	(0.50)	(0.56)	(0.59)	(0.62)	(0.58)	(0.54)	(0.60)
EQINC	0.2735	0.3046	0.3237*	0.2944	0.2988	0.2854	0.3019	0.3507*	0.3658*
	(1.46)	(1.61)	(1.72)	(1.56)	(1.58)	(1.51)	(1.59)	(1.88)	(1.96)
PPE	0.1125***	0.1151***	0.1099***	0.1125***	0.1143***	0.1135***	0.1148***	0.1146***	0.1094***
	(4.57)	(4.66)	(4.48)	(4.57)	(4.63)	(4.59)	(4.62)	(4.65)	(4.43)
INTANG	−0.1345*	−0.1362*	−0.1415*	−0.1426*	−0.1392*	−0.1388*	−0.1374*	−0.1295*	−0.1251*
	(−1.86)	(−1.85)	(−1.94)	(−1.95)	(−1.90)	(−1.89)	(−1.87)	(−1.79)	(−1.73)
INVENT	−0.0248	−0.0243	−0.0228	−0.0221	−0.0248	−0.0239	−0.0249	−0.0186	−0.0146
	(−0.86)	(−0.84)	(−0.78)	(−0.76)	(−0.85)	(−0.82)	(−0.86)	(−0.64)	(−0.51)
DA	0.0858***	0.0820***	0.0818***	0.0866***	0.0831***	0.0854***	0.0827***	0.0826***	0.0853***
	(2.76)	(2.64)	(2.63)	(2.76)	(2.67)	(2.72)	(2.65)	(2.66)	(2.71)
截距项	0.2666***	0.2461***	0.3513***	0.2450***	0.2584***	0.2615***	0.2477***	0.3229***	0.4179***
	(4.18)	(3.85)	(4.68)	(3.86)	(3.81)	(4.07)	(3.87)	(4.35)	(4.85)
年度-行业	Yes	Yes	Yes	Yes	Yes	Yes	Yes	Yes	Yes
N	2 335	2 335	2 335	2 335	2 335	2 335	2 335	2 325	2 325
R²	0.092	0.089	0.092	0.091	0.089	0.090	0.089	0.094	0.101
F	6.54	6.47	6.51	6.58	6.43	6.42	6.41	6.78	5.83

注：***、**和*表示回归系数在1%、5%和10%的置信水平显著；括号内的数字为t值；t值的计算基于稳健标准差。

表7-7列示了以BTD为所得税规避指标，以非国有企业为观测样本的实证检验结果。回归结果显示，在表7-6中显著的公司治理变量中，只有LNPAY和LEGAL仍然显著为负。这再一次说明在非国有企业中，对高管的现金激励和对投资者的有效保护可以降低企业的所得税规避程度。

表7-7　　　公司治理对BTD影响的实证检验结果（非国有企业）

	(1)	(2)	(3)	(4)	(5)	(6)	(7)	(8)	(9)
WEDGE	0.0153	—	—	—	—	—	—	—	0.0140
	(1.34)	—	—	—	—	—	—	—	(1.19)
CSTR2_10	—	0.0313	—	—	—	—	—	—	0.0548
	—	(0.93)	—	—	—	—	—	—	(1.62)
LNPAY	—	—	−0.0066***	—	—	—	—	—	−0.0061***
	—	—	(−4.46)	—	—	—	—	—	(−4.07)
EXHOLD	—	—	—	−0.0028	—	—	—	—	−0.0007
	—	—	—	(−1.48)	—	—	—	—	(−0.37)
OUTRATIO	—	—	—	—	0.0053	—	—	—	0.0059
	—	—	—	—	(0.30)	—	—	—	(0.34)
DUAL	—	—	—	—	—	−0.0023	—	—	−0.0011
	—	—	—	—	—	(−1.21)	—	—	(−0.57)
HBSHARE	—	—	—	—	—	—	−0.0070	—	−0.0045
	—	—	—	—	—	—	(−1.16)	—	(−0.75)
LEGAL	—	—	—	—	—	—	—	−0.0004***	−0.0003
	—	—	—	—	—	—	—	(−2.24)	(−1.46)
ROA	0.0856***	0.0851***	0.1070***	0.0861***	0.0861***	0.0857***	0.0851***	0.0872***	0.1053***
	(2.85)	(2.81)	(3.51)	(2.86)	(2.86)	(2.85)	(2.84)	(2.90)	(3.42)
SIZE	−0.0028***	−0.0026***	−0.0010	−0.0025***	−0.0026***	−0.0027***	−0.0026***	−0.0024***	−0.0011
	(−3.06)	(−2.92)	(−1.10)	(−2.75)	(−2.89)	(−2.97)	(−2.86)	(−2.62)	(−1.16)
LEV	−0.0007	0.0006	−0.0014	−0.0012	−0.0000	−0.0007	−0.0001	−0.0017	−0.0023
	(−0.10)	(0.09)	(−0.21)	(−0.19)	(−0.00)	(−0.10)	(−0.02)	(−0.26)	(−0.35)
GROWTH	−0.0067**	−0.0068**	−0.0070**	−0.0068**	−0.0068**	−0.0067**	−0.0067**	−0.0069**	−0.0070**
	(−2.00)	(−2.03)	(−2.11)	(−2.03)	(−2.03)	(−2.01)	(−2.02)	(−2.07)	(−2.12)
EQINC	0.1283	0.1358	0.1477*	0.1316	0.1314	0.1296	0.1392	0.1380	0.1577*
	(1.42)	(1.50)	(1.65)	(1.46)	(1.45)	(1.43)	(1.52)	(1.51)	(1.72)
PPE	0.0289***	0.0295***	0.0266***	0.0289***	0.0293***	0.0290***	0.0296***	0.0295***	0.0275***
	(4.34)	(4.43)	(4.03)	(4.34)	(4.41)	(4.36)	(4.46)	(4.43)	(4.14)
INTANG	−0.0394*	−0.0389*	−0.0417*	−0.0408*	−0.0400*	−0.0401*	−0.0385*	−0.0405*	−0.0382*
	(−1.82)	(−1.79)	(−1.94)	(−1.88)	(−1.84)	(−1.85)	(−1.77)	(−1.88)	(−1.77)
INVENT	−0.0150*	−0.0147*	−0.0138	−0.0145*	−0.0150*	−0.0148*	−0.0150*	−0.0140	−0.0126
	(−1.74)	(−1.70)	(−1.59)	(−1.67)	(−1.73)	(−1.71)	(−1.73)	(−1.61)	(−1.45)
DA	0.0323**	0.0314**	0.0312**	0.0326**	0.0319**	0.0324**	0.0315**	0.0316**	0.0309**
	(2.54)	(2.47)	(2.46)	(2.55)	(2.50)	(2.54)	(2.48)	(2.48)	(2.44)
截距项	0.0451**	0.0413**	0.1017***	0.0416**	0.0400**	0.0450**	0.0419**	0.0479***	0.0980***
	(2.45)	(2.26)	(4.40)	(2.29)	(2.00)	(2.42)	(2.29)	(2.74)	(4.14)
年度-行业	Yes	Yes	Yes	Yes	Yes	Yes	Yes	Yes	Yes
N	2 335	2 335	2 335	2 335	2 335	2 335	2 335	2 325	2 325
R^2	0.080	0.080	0.088	0.080	0.079	0.080	0.080	0.082	0.092
F	4.76	4.67	5.01	4.79	4.70	4.69	4.68	4.93	4.39

注：***、**和*表示回归系数在1%、5%和10%的置信水平显著；括号内的数字为t值；t值的计算基于稳健标准差。

综合表7-6和表7-7的回归结果，我们发现，总体而言，在非国有企业，好的公司治理对所得税规避具有抑制作用。这种作用的发挥主要表现在股权结构、对高管的激励和投资者保护上，即最终控制人的两权分离程度、对高管的现金激励和对投资者的有效保护。

7.4.3　国有企业样本

我们进一步检验在国有企业，公司治理机制是否会对所得税规避产生影响。表7-8列示了以RATE_DIFF为所得税规避指标的实证检验结果。

表7-8　公司治理对RATE_DIFF影响的实证检验结果（国有企业）

	(1)	(2)	(3)	(4)	(5)	(6)	(7)	(8)	(9)
WEDGE	−0.0021	—	—	—	—	—	—	—	−0.0101
	(−0.06)	—	—	—	—	—	—	—	(−0.29)
CSTR2_10	—	−0.0220	—	—	—	—	—	—	−0.0248
	—	(−0.19)	—	—	—	—	—	—	(−0.20)
LNPAY	—	—	−0.0070	—	—	—	—	—	−0.0080
	—	—	(−1.45)	—	—	—	—	—	(−1.59)
EXHOLD	—	—	—	−0.0007	—	—	—	—	0.0001
	—	—	—	(−0.12)	—	—	—	—	(0.02)
OUTRATIO	—	—	—	—	−0.0038	—	—	—	−0.0118
	—	—	—	—	(−0.07)	—	—	—	(−0.22)
DUAL	—	—	—	—	—	0.0236**	—	—	0.0248***
	—	—	—	—	—	(2.48)	—	—	(2.59)
HBSHARE	—	—	—	—	—	—	0.0090	—	0.0089
	—	—	—	—	—	—	(0.82)	—	(0.76)
LEGAL	—	—	—	—	—	—	—	0.0002	0.0003
	—	—	—	—	—	—	—	(0.34)	(0.52)
ROA	0.4645***	0.4647***	0.4864***	0.4650***	0.4639***	0.4636***	0.4672***	0.4678***	0.4943***
	(6.33)	(6.33)	(6.43)	(6.30)	(6.31)	(6.32)	(6.37)	(6.33)	(6.44)
SIZE	−0.0008	−0.0008	0.0008	−0.0007	−0.0007	−0.0005	−0.0015	−0.0000	0.0013
	(−0.33)	(−0.32)	(0.30)	(−0.31)	(−0.31)	(−0.23)	(−0.57)	(−0.00)	(0.47)
LEV	−0.0257	−0.0258	−0.0265	−0.0257	−0.0259	−0.0257	−0.0247	−0.0271	−0.0270
	(−1.12)	(−1.13)	(−1.16)	(−1.13)	(−1.13)	(−1.13)	(−1.08)	(−1.17)	(−1.15)
GROWTH	−0.0007	−0.0007	−0.0012	−0.0007	−0.0007	−0.0007	−0.0005	−0.0011	−0.0014
	(−0.14)	(−0.14)	(−0.24)	(−0.14)	(−0.14)	(−0.14)	(−0.11)	(−0.21)	(−0.27)
EQINC	0.8092***	0.8081***	0.8042***	0.8102***	0.8089***	0.8205***	0.8002***	0.7906***	0.7830***
	(4.02)	(4.01)	(4.00)	(4.01)	(4.01)	(4.08)	(3.97)	(3.87)	(3.82)
PPE	0.0725***	0.0724***	0.0693***	0.0726***	0.0725***	0.0739***	0.0737***	0.0706***	0.0697***
	(3.28)	(3.27)	(3.11)	(3.28)	(3.28)	(3.34)	(3.32)	(3.16)	(3.09)
INTANG	0.0648	0.0648	0.0608	0.0647	0.0648	0.0634	0.0627	0.0493	0.0406
	(1.21)	(1.20)	(1.13)	(1.20)	(1.21)	(1.18)	(1.17)	(0.90)	(0.74)
INVENT	−0.0511*	−0.0517*	−0.0538*	−0.0511*	−0.0511*	−0.0522*	−0.0489	−0.0512*	−0.0536*
	(−1.72)	(−1.73)	(−1.79)	(−1.72)	(−1.72)	(−1.76)	(−1.64)	(−1.71)	(−1.76)
DA	0.0962***	0.0962***	0.0995***	0.0962***	0.0963***	0.0961***	0.0973***	0.0953***	0.1000***
	(2.81)	(2.81)	(2.91)	(2.81)	(2.81)	(2.80)	(2.84)	(2.76)	(2.88)
截距项	0.0332	−0.0212	0.0993	0.0329	0.0341	0.0258	0.0469	0.0166	0.0661
	(0.61)	(−0.38)	(1.41)	(0.60)	(0.61)	(0.47)	(0.81)	(0.30)	(0.87)
年度-行业	Yes	Yes	Yes	Yes	Yes	Yes	Yes	Yes	Yes
N	2 583	2 582	2 583	2 583	2 583	2 583	2 583	2 555	2 554
R^2	0.099	0.098	0.099	0.099	0.099	0.100	0.099	0.096	0.099
F	7.83	7.81	7.81	7.82	7.82	8.00	7.87	7.56	6.35

注：***、**和*表示回归系数在1%、5%和10%的置信水平显著；括号内的数字为t值；t值的计算基于稳健标准差。

表7-8的结果显示，不论是公司治理变量的单独回归，还是一起放入方程回归，在所有公司治理变量中，只有DUAL显著。具体而言，DUAL的回归系数在1%的置信水平显著为正。这说明董事长和总经理两职合一的公司更有可能进行所得税规避。这一结论支持"好的公司治理会抑制所得税规避"这一观点。

控制变量的回归结果与全样本回归稍有差异。主要表现为SIZE变量变得不再显著，这说明政治成本假说在国有企业并不适用。

表7-9进一步列示了以BTD为所得税规避指标，以国有企业为观测样本的实证检验结果。与表7-8的结果一致，我们同样发现大量公司治理变量的回归结果均不显著。DUAL的回归系数显著为正，这再一次说明两职合一公司的所得税规避程度较高。此外，我们也发现，HBSHARE的回归系数同样在10%的置信水平显著为正。这说明在海外挂牌上市的公司，所得税规避程度较高。这与"好的公司治理会抑制所得税规避"这一观点不一致。

综合来看，针对国有企业的回归结果表明，公司治理对所得税规避的影响较弱。而且，公司治理到底是促进了还是抑制了所得税规避，实证结论也并不统一。但是，唯一比较稳定的结论是，董事长与总经理两职合一的公司，所得税规避程度较高。这在一定程度上证明了"好的公司治理会抑制所得税规避"这一结论。

7.4.4 稳健性测试

1.改变回归方法

本章的样本期间跨度较短，仅为4年，按照Petersen（2009）的研究，这类数据适合采用公司层面的Cluster回归。我们采用Petersen（2009）的建议，对标准差在公司层面进行了Cluster调整，回归结果见表7-10。

限于篇幅，我们只列示了将全部公司治理变量放入模型的回归结果。回归结果显示，在非国有企业，当因变量为RATE_DIFF时，WEDGE的回归系数在5%的置信水平显著，LNPAY的回归系数在10%的置信水平显著，LEGAL的回归系数也在10%的置信水平显著。当因变量为BTD时，只有LNPAY的回归系数在1%的置信水平显著为负。这与上述的回归结果一致。在国有企业，只有DUAL这一变量的回归系数显著为正，HBSHARE

表 7-9   公司治理对 BTD 影响的实证检验结果（国有企业）

	(1)	(2)	(3)	(4)	(5)	(6)	(7)	(8)	(9)
WEDGE	-0.0036	—	—	—	—	—	—	—	-0.0043
	(-0.36)	—	—	—	—	—	—	—	(-0.41)
CSTR2_10	—	0.0056	—	—	—	—	—	—	-0.0008
	—	(0.16)	—	—	—	—	—	—	(-0.02)
LNPAY	—	—	-0.0018	—	—	—	—	—	-0.0023
	—	—	(-1.29)	—	—	—	—	—	(-1.47)
EXHOLD	—	—	—	0.0005	—	—	—	—	0.0007
	—	—	—	(0.30)	—	—	—	—	(0.42)
OUTRATIO	—	—	—	—	0.0084	—	—	—	0.0064
	—	—	—	—	(0.62)	—	—	—	(0.48)
DUAL	—	—	—	—	—	0.0039*	—	—	0.0042*
	—	—	—	—	—	(1.74)	—	—	(1.86)
HBSHARE	—	—	—	—	—	—	0.0046*	—	0.0042
	—	—	—	—	—	—	(1.73)	—	(1.49)
LEGAL	—	—	—	—	—	—	—	0.0002	0.0002
	—	—	—	—	—	—	—	(1.03)	(1.00)
ROA	0.0069	0.0066	0.0124	0.0063	0.0077	0.0066	0.0081	0.0084	0.0172
	(0.24)	(0.23)	(0.42)	(0.22)	(0.27)	(0.23)	(0.29)	(0.29)	(0.56)
SIZE	0.0005	0.0005	0.0009	0.0005	0.0005	0.0006	0.0002	0.0006	0.0008
	(0.81)	(0.80)	(1.31)	(0.80)	(0.72)	(0.88)	(0.25)	(0.96)	(1.01)
LEV	-0.0136**	-0.0137**	-0.0139**	-0.0138**	-0.0135**	-0.0137**	-0.0132**	-0.0135**	-0.0130**
	(-2.39)	(-2.43)	(-2.46)	(-2.43)	(-2.37)	(-2.42)	(-2.33)	(-2.35)	(-2.24)
GROWTH	-0.0070**	-0.0070**	-0.0071**	-0.0070**	-0.0070**	-0.0070**	-0.0069**	-0.0070**	-0.0070**
	(-2.52)	(-2.51)	(-2.57)	(-2.50)	(-2.52)	(-2.51)	(-2.46)	(-2.46)	(-2.49)
EQINC	0.3787***	0.3789***	0.3774***	0.3781***	0.3794***	0.3806***	0.3741***	0.3716***	0.3671***
	(5.60)	(5.61)	(5.57)	(5.55)	(5.61)	(5.62)	(5.50)	(5.41)	(5.28)
PPE	0.0149***	0.0150***	0.0141**	0.0149***	0.0150***	0.0152***	0.0155***	0.0155***	0.0152***
	(2.72)	(2.73)	(2.54)	(2.72)	(2.74)	(2.77)	(2.82)	(2.78)	(2.69)
INTANG	0.0123	0.0122	0.0113	0.0124	0.0123	0.0121	0.0113	0.0077	0.0051
	(0.85)	(0.84)	(0.78)	(0.86)	(0.86)	(0.84)	(0.78)	(0.53)	(0.34)
INVENT	-0.0265***	-0.0263***	-0.0271***	-0.0264***	-0.0264***	-0.0266***	-0.0252***	-0.0260***	-0.0261***
	(-3.38)	(-3.35)	(-3.44)	(-3.37)	(-3.37)	(-3.40)	(-3.21)	(-3.30)	(-3.26)
DA	0.0333***	0.0333***	0.0342***	0.0333***	0.0332***	0.0333***	0.0339***	0.0338***	0.0352***
	(2.66)	(2.67)	(2.72)	(2.66)	(2.65)	(2.66)	(2.70)	(2.68)	(2.76)
截距项	0.0193	-0.0169	0.0365*	0.0194	0.0172	0.0180	0.0263	0.0152	0.0370
	(1.16)	(-0.99)	(1.68)	(1.16)	(1.03)	(1.07)	(1.50)	(0.91)	(1.61)
年度-行业	Yes	Yes	Yes	Yes	Yes	Yes	Yes	Yes	Yes
N	2 583	2 582	2 583	2 583	2 583	2 583	2 583	2 555	2 554
R²	0.108	0.108	0.109	0.108	0.108	0.109	0.109	0.107	0.110
F	6.46	6.47	6.44	6.53	6.48	6.58	6.70	6.33	5.50

注：***、**和*表示回归系数在 1%、5%和 10%的置信水平显著；括号内的数字为 t 值；t 值的计算基于稳健标准差。

才变得不再显著。这也说明 HBSHARE 对所得税规避的影响不是非常稳定。

143

表7-10　　改变回归方法和公司治理衡量指标的稳健性测试结果

	非国有企业				国有企业			
	RATE_DIFF	BTD	RATE_DIFF	BTD	RATE_DIFF	BTD	RATE_DIFF	BTD
WEDGE	0.0783*	0.0140	—	—	−0.0101	−0.0043	—	—
	(1.93)	(0.99)	—	—	(−0.24)	(−0.36)	—	—
CSTR2_10	0.1386	0.0548	—	—	−0.0248	−0.0008	—	—
	(1.05)	(1.30)	—	—	(−0.17)	(−0.02)	—	—
LNPAY	−0.0088*	−0.0061***	—	—	−0.0080	−0.0023	—	—
	(−1.66)	(−3.59)	—	—	(−1.40)	(−1.36)	—	—
EXHOLD	−0.0072	−0.0007	—	—	0.0001	0.0007	—	—
	(−0.98)	(−0.32)	—	—	(0.02)	(0.35)	—	—
OUTRATIO	−0.0249	0.0059	—	—	−0.0118	0.0064	—	—
	(−0.38)	(0.28)	—	—	(−0.21)	(0.43)	—	—
DUAL	−0.0061	−0.0011	—	—	0.0248**	0.0042*	—	—
	(−0.85)	(−0.50)	—	—	(2.13)	(1.70)	—	—
HBSHARE	−0.0025	−0.0045	—	—	0.0089	0.0042	—	—
	(−0.10)	(−0.63)	—	—	(0.63)	(1.22)	—	—
LEGAL	−0.0013*	−0.0003	—	—	0.0003	0.0002	—	—
	(−1.91)	(−1.26)	—	—	(0.45)	(0.83)	—	—
CGINDEX	—	—	−0.0095***	−0.0025***	—	—	0.0009	0.0007
	—	—	(−3.87)	(−3.10)	—	—	(0.43)	(1.31)
ROA	0.5012***	0.1053***	0.4986***	0.0926***	0.4943***	0.0172	0.4642***	0.0067
	(6.37)	(2.78)	(7.06)	(3.04)	(5.71)	(0.51)	(6.33)	(0.23)
SIZE	−0.0125***	−0.0011	−0.0130***	−0.0022**	0.0013	0.0008	−0.0012	0.0002
	(−2.89)	(−1.02)	(−3.80)	(−2.49)	(0.38)	(0.79)	(−0.46)	(0.29)
LEV	−0.0208	−0.0023	−0.0247	−0.0043	−0.0270	−0.0130*	−0.0251	−0.0133**
	(−0.69)	(−0.32)	(−0.93)	(−0.64)	(−1.00)	(−1.94)	(−1.10)	(−2.35)
GROWTH	0.0032	−0.0070**	0.0034	−0.0068**	−0.0014	−0.0070**	−0.0006	−0.0069**
	(0.56)	(−2.16)	(0.64)	(−2.04)	(−0.27)	(−2.49)	(−0.11)	(−2.47)
EQINC	0.3658	0.1577	0.3139*	0.1282	0.7830***	0.3671***	0.8053***	0.3761***
	(1.64)	(1.46)	(1.70)	(1.42)	(3.48)	(3.94)	(4.00)	(5.53)
PPE	0.1094***	0.0275***	0.1086***	0.0279***	0.0697***	0.0152**	0.0734***	0.0156***
	(3.87)	(3.42)	(4.41)	(4.17)	(2.79)	(2.27)	(3.29)	(2.82)
INTANG	−0.1251	−0.0382	−0.1361*	−0.0423**	0.0406	0.0051	0.0633	0.0115
	(−1.60)	(−1.52)	(−1.88)	(−1.97)	(0.60)	(0.31)	(1.18)	(0.80)
INVENT	−0.0146	−0.0126	−0.0183	−0.0139	−0.0536	−0.0261***	−0.0500*	−0.0253***
	(−0.44)	(−1.22)	(−0.63)	(−1.60)	(−1.56)	(−2.93)	(−1.67)	(−3.21)
DA	0.0853***	0.0309**	0.0910***	0.0338***	0.1000***	0.0352**	0.0963***	0.0335***
	(2.60)	(2.27)	(2.91)	(2.65)	(2.77)	(2.74)	(2.81)	(2.67)
截距项	0.4179***	0.0980***	0.2878***	0.0386**	0.0661	0.0370	−0.0127	−0.0105
	(4.20)	(3.46)	(3.83)	(2.23)	(0.76)	(1.48)	(−0.21)	(−0.58)
年度-行业	Yes	Yes	Yes	Yes	Yes	Yes	Yes	Yes
N	2 325	2 325	2 325	2 325	2 554	2 554	2 582	2 582
R²	0.101	0.092	0.097	0.084	0.099	0.110	0.099	0.109
F	4.63	3.32	6.77	5.06	5.00	4.35	7.84	6.67

注：***、**和*表示回归系数在1%、5%和10%的置信水平显著；括号内的数字为t值；采用Petersen（2009）的建议，我们对标准差在公司层面进行了Cluster调整。

因此，改变回归方法之后的结果表明，好的公司治理在一定程度上会降低企业的所得税规避。

2.公司治理指数

在上述的分析中，我们采用了八个衡量公司治理的变量展开研究。这些变量虽然可以从各个角度反映企业的公司治理状况，但是无法进行综合反映。为了考察企业综合的公司治理状况对所得税规避的影响，借鉴白重恩等（2005）的方法，我们构建了一个公司治理水平的综合指标CGINDEX。具体而言，我们采用主成分分析法，对上述八个指标进行了主成分分析，并取第一主成分作为公司治理水平的综合指标。采用这一指标进行实证检验的结果列示在表7-10。

回归结果显示，在非国有企业，CGINDEX的回归系数在两个模型中均在1%的置信水平显著为负，这说明企业综合的公司治理水平越高，所得税规避程度越低。然而，在国有企业，CGINDEX的回归系数均不显著，这说明综合的公司治理水平对国有企业的所得税规避程度并没有显著的影响。

3.分位数回归

为了了解公司治理对所得税规避的影响到底是发生在所得税规避分布的哪一段，我们对回归模型进行了分位数回归。考虑到公司治理变量众多，我们只是对包括公司治理综合指标CGINDEX的模型进行分位数回归。未报告的回归结果显示，在非国有企业，从所得税规避指标的30%分位数起，CGINDEX便一直显著为负。在国有企业，CGINDEX的回归系数绝大部分均不显著，即使显著，其符号也与预期相反。因此，分位数的回归结果表明，在非国有企业，公司治理对所得税规避的影响是广泛的。它既会抑制企业激进的所得税规避行为，也会抑制较为温和的所得税规避行为。

7.5 　　　　　　　　　　**本章小结**

理论上，公司治理水平对所得税规避的影响并无确定的预期。一方面，所得税规避的代理理论认为，公司的经理人会利用所得税规避所引发的信息不对称从事自利行为。因此，公司治理水平越高的企业应该会越少进行所得税规避活动。另一方面，传统的所得税规避理论认为，所得税规避是一种价值最大化行为。公司治理水平越高的企业，经理人与股东的利益越一致。从而，经理人会努力降低企业税负，进而提升企业价值。因此，好的公司治理应该会促进所得税规避。

为了厘清公司治理与所得税规避的关系，我们展开了相应的实证检验。实证检验的结果表明，在非国有企业，好的公司治理可以显著抑制企业的所得税规避。这主要表现在股权结构、高管激励和对投资者的保护程度方面。具体而言，在最终控制人的控制权与现金流权分离程度越小，对高管的现金激励程度越高，或企业所在地区的投资者保护程度越高时，非国有企业的所得税规避程度越低。在国有企业，虽然我们也有一定的证据表明，好的公司治理会抑制企业的所得税规避，但是证据较弱。我们只发现，董事长与总经理两职合一的公司有着较高的所得税规避程度这一结论稳健的存在。最后，我们构建了一个关于公司治理水平的综合指数。结果显示，公司治理水平的综合指数越高，非国有企业的所得税规避程度越低，但是这一结论在国有企业并不存在。

因此，总的实证检验结果表明，公司治理确实对企业的所得税规避存在显著影响，且这一影响表现为好的公司治理会抑制企业的所得税规避。但是，公司治理对所得税规避的影响在非国有企业更为明显。这或许源于国有企业的所得税税负仍然主要受政府干预的影响，导致公司治理机制很难发生作用。

第 8 章

研究结论、局限性与未来展望

我们将在这一章介绍本书主要的研究结论，研究启示和可能的创新、研究的局限性，以及未来可以继续跟进的研究视角。

8.1 —————————— 主要研究结论 ——————————

通过理论分析和实证研究，本书得到了如下几个主要的研究结论：

1.所得税规避活动会增加企业的权益代理成本（即第一类代理成本）

以我国上市公司为观测对象，分别采用两种指标来衡量企业的代理成本，并采用四种指标刻画企业的税收规避程度。我们对所得税规避对代理成本的影响进行了实证分析。在对 8 组联立方程模型进行回归之后，一致发现上市公司的税收规避程度越高，权益代理成本也越高。但是，我们并没有发现代理成本对所得税规避有影响，这与前人的研究存在一定差异。在采用最小二乘法回归排除所得税法变迁的影响，以及用在职消费衡量企业的权益代理成本进行稳健性分析之后，上述研究结论仍然保持不变。

在进一步的研究中，我们按照产权性质的不同，对国有企业和非国有企业分别进行了回归。联立方程的回归结果显示，不论在哪一种类型的企业，所得税规避活动都会导致权益代理成本的增加。但是，在非国有企业，代理成本对所得税规避也存在影响，表现为代理成本越高，所得税规避程度越低。然而，我们并未在国有企业发现代理成本会影响所得税规避这一结论。这可能源于国有企业的税收决策很大程度上受到政府干预的影响，从而经理人的代理成本很难对税收决策产生影响。

此外，以在职消费作为代理成本衡量指标的回归结果则显示，只有在非国有企业，所得税规避会显著增加在职消费，在职消费又会反过来显著影响所得税规避。当回归样本为国有企业时，上述结论均不存在。这一结论与现有的研究成果一致：存在薪酬管制的国有企业，在职消费是一种隐性激励，而非代理成本。在薪酬契约相对市场化的非国有企业，在职消费并不存在激励效应，它更加反映了管理层的代理成本。

2. 所得税规避活动会促进大股东的掏空（即第二类代理成本）

我们采用其他应收款净额与总资产的比重对大股东的掏空进行了直接的度量，并实证考察了所得税规避对大股东掏空的影响。联立方程模型的回归结果显示，企业的所得税规避行为确实加剧了大股东对企业的掏空。

进一步地，我们发现，当上市公司的最终控制人为国有时，所得税规避与大股东掏空的正相关关系会显著弱化。这是因为国有企业的大股东与政府部门的利益存在一致性，从而国有企业的大股东通过多向政府部门缴纳税负就可以达到掏空企业的目的。这客观上降低了大股东通过所得税规避去占用上市公司资金的需求。我们还发现，大股东的持股比例越高，所得税规避与大股东掏空的正相关关系越弱。这是因为高持股使大股东和小股东的利益更加一致，大股东通过所得税规避掏空企业的成本会显著增加。

3. 所得税规避活动会降低企业的投资效率

基于 Richardson（2006）的投资预测模型，我们分离出企业的非效率投资。实证回归的结果发现，企业的税收规避活动确实降低了投资效率。在区分投资过度和投资不足之后发现，企业税收规避对投资过度和投资不足均有影响。但是，税收规避对投资过度的影响要更稳健。在进一步精简样本、排除所得税法变迁的影响及采用联立方程模型解决可能存在的内生性问题之后，上述结论依然成立。

进一步的研究还发现，公司治理机制的完善在一定程度上可以缓解企业税收规避所导致的投资过度，但是对投资不足没有显著作用。

4.完善的公司治理可以抑制企业的所得税规避

理论上，公司治理水平对所得税规避的影响并无确定的预期。一方面，所得税规避的代理理论认为，公司的经理人会利用所得税规避所引发的信息不对称从事自利行为。因此，公司治理水平越高的企业应该会越少进行所得税规避活动。另一方面，传统的所得税规避理论认为，所得税规避是一种价值最大化行为。公司治理水平越高的企业，经理人与股东的利益越一致。从而，经理人会努力降低企业税负进而提升企业价值。因此，好的公司治理应该会促进所得税规避。

为了厘清这一关系，采用所得税改革之后的上市公司数据，我们实证检验了公司治理机制对所得税规避的影响。考虑到公司治理机制的作用在国有企业和非国有企业间会存在较大差异，我们采用了分样本回归。多元回归的结果显示，在非国有企业，好的公司治理可以显著抑制企业的所得税规避。这主要表现在股权结构、高管激励和对投资者的保护程度方面。具体而言，最终控制人的控制权与现金流权分离程度越小，对高管的现金激励程度越高，或企业所在地区的投资者保护程度越高时，非国有企业的所得税规避程度越低。在国有企业，虽然也有一定的证据表明，好的公司治理会抑制企业的所得税规避，但是证据较弱。我们只是发现，董事长和总经理两职合一的公司有着较高的所得税规避程度这一结论稳健的存在。最后，我们构建了一个关于公司治理水平的综合指数。结果显示，公司治理水平的综合指数越高，非国有企业的所得税规避程度越低，但是这一结论在国有企业并不存在。这或许源于国有企业的所得税税负主要受政府干预的影响，导致公司治理机制很难发生作用。

综合来看，本书的结论表明，企业的所得税规避活动会引发代理成本。这说明企业的所得税规避并不必然是价值最大化行为。此外，良好的公司治理机制反过来又会抑制企业的所得税规避活动。

8.2 ——————— 研究启示与可能的创新 ———————

8.2.1 研究启示

本书的结论有以下几点启示：

1.企业不要盲目地追求所得税税负的最小化

本书的结论表明，企业所得税规避活动的复杂性会给经理人或大股东创造寻求私利的机会。这使得企业的所得税规避活动往往会引发代理成本。因此，企业不要盲目地追求所得税税负的最小化，这很可能会提高其他潜在的成本，使得企业得不偿失。

2.企业在制订税收筹划方案时，要辅之以相应的监督机制

本书还发现，良好的公司治理机制会抑制所得税规避所引发的代理成本，如降低投资效率。因此，企业在制订税收筹划方案时，如能辅之以相应的监督机制，这将可以在很大程度降低经理人或大股东的自利寻租行为。此时的税收筹划方案，将在最大程度上提高企业的价值，降低隐性成本。

3.税务部门在进行税款征收或税务检查时，可以适当考虑企业的公司治理状况

本书研究发现，所得税规避程度高的公司，往往是那些治理状况比较差的公司。而且，这些公司的经理人或大股东也更容易通过所得税规避活动来从事机会主义行为。因此，税务部门在进行税款征收或税务检查时，可以参考企业的治理状况。这不仅可以加大发现偷逃税公司的概率，也可以抑制经理人或大股东对企业的掏空行为，从而提高其辖区内公司的质量。

8.2.2 可能的创新

在前人研究的基础上，本书有以下几点可能的创新：

（1）以往的研究主要考察了所得税规避对企业价值的影响（Desai

and Dharmapala，2006，2009；Hanlon and Slemrod，2009；Mironov，2013；陈旭东等，2011)。然而，所得税规避对企业价值的影响可能源于第一类代理问题（股东与经理人的代理冲突），也可能源于第二类代理问题（大股东与外部投资者的代理冲突，例如掏空），还可能源于所得税规避活动蕴含的信息不对称会扭曲企业的投资效率。本书直接考察所得税规避行为对第一类代理成本、第二类代理成本以及投资效率的影响，有助于深入了解所得税规避行为的经济后果，并更好地认识所得税规避影响企业价值的中介传导机制。

（2）本书首次采用中国上市公司的数据，综合考察了公司治理机制对所得税规避程度的影响。这对于理解企业税收决策的依据，以及税务部门的税收征管工作都有重要启示。

（3）现有相关研究主要以美国和俄罗斯的资本市场为主。由于美国采取以直接税为主体的税制结构，因此所得税在美国资本市场中扮演了重要角色。然而，中国的税制结构以间接税（包括增值税和营业税等）为主体，因此所得税避税活动会恶化代理问题的结论是否同样适用于以间接税为主体的中国市场，是一个有待实证考察的命题。本书的结论为此提供了经验证据。

151

（4）本书的结论还深化了我们对代理成本和投资效率影响因素的认识。这对相关领域的学术文献也具有很重要的贡献。

8.3　研究的局限性

（1）本书只是研究了企业的所得税规避活动对代理成本的影响，以及公司治理对所得税规避的影响，而没有考虑其他税种。其中的原因我在引言中已有阐述。然而，我认为，在理论上，本书的这一局限性并不会在很大程度上影响本书研究结论的推广。这是因为，从理论上，如果企业要从事流转税的税收规避活动，也需要构建非常复杂的交易活动，或隐藏许多不为外部人所知的私有信息，这同样会降低企业的信息透明度，为经理人或大股东制造寻租的空间和机会，从而流转税的税收规避活动也可能会引发代理问题。因此，即便我们没有实证考察流转税规避活动的影响，我们也能从理论上进行预期。

（2）本书的研究结论仅适用于那些存在代理冲突的现代企业。对于那些所有者"一言堂"、不存在代理问题的小微企业，本书的结论不具普适性。

（3）虽然我们采用了四个指标衡量企业的所得税规避程度，但是我们仍然难以保证这些替代指标能够反映企业真实的所得税规避程度。当然，这也是现有研究所得税规避的文献所面临的共同问题。

（4）虽然我们考察了所得税规避对代理成本的影响，但是除此之外，影响企业价值的路径还有很多（如资本成本）。这是我们没有考虑到的，也偏离了本书的研究目标。

8.4　　　　　　　　　　　未来的研究展望

在未来，我们还可以对以下问题进行研究，从而形成对已有学术成果的贡献：

（1）更进一步考察所得税规避的其他经济后果。Donohoe and Knechel（2013）发现企业激进的所得税规避行为会提高审计定价。他们的研究从审计角度探讨了所得税规避的其他隐性成本，这对我们具有很大的借鉴意义。这也再次说明，所得税规避可能还存在很多其他我们还未发现的隐性成本，这都有待于我们进一步挖掘。例如，所得税规避是否会提高企业再融资时的资本成本？

（2）从所得税规避的代理理论出发，考察其他可能对企业所得税规避程度产生影响的因素。自 Desai and Dharmapala（2006）研究高管激励对所得税规避的影响以来，近年来涌现了大量从代理理论视角研究所得税规避影响因素的文献。然而，现有的研究成果仍然比较有限，特别是基于中国上市公司的研究更是稀缺。虽然本书做了一些尝试，但是许多问题仍然有待解决。例如，如果说国有企业的高税负是政府对国有企业掏空的一种方式，那么当国有上市公司小股东的投票权增加时，是否国有上市公司的税负会降低？这些问题的解决不仅可以推进现有研究，也对中国资本市场具有重要的启示。

（3）如何将所得税规避的代理理论与中国的制度背景更紧密地联系起来？中国的上市公司有着自己独有的代理问题，如大股东的"一股独大"、国有企业的内部人控制。这些问题如何影响企业的所得税规避决策及其经济后果，都值得我们进一步研究。

参考文献

[1]ADHIKARI A, C DERASHID, H ZHANG.Public policy, political connections, and effective tax rates: longitudinal evidence from Malaysia[J].Journal of Accounting and Public Policy, 2006, 25 (5): 574-595.

[2]ALLINGHAM M G, A SANDMO. Income tax evasion: a theoretical analysis[J]. Journal of Public Economics, 1972, 1 (3-4): 323-338.

[3]ALM J, B R JACKSON, M MCKEE.Estimating the determinants of taxpayer compliance with experimental data[J]. National Tax Journal, 1992, 45 (1): 107-114.

[4]ANG J S, R A COLE, J W LIN. Agency costs and ownership structure[J]. Journal of Financial Economics, 2000, LV (1): 81-106.

[5]ARMSTRONG C S, J L BLOUIN, D F LARCKER.The incentives for tax planning[J].Journal of Accounting and Economics, 2012, 53 (1-2): 391-411.

[6]ARMSTRONG C S, J L BLOUIN, A D JAGOLINZER, et al. Corporate governance, incentives, and tax avoidance[J].Journal of Accounting and Economics, 2015, 60 (1): 1-17.

[7]ATWOOD T J, M S DRAKE, J N MYERS, et al.Home country tax system

characteristics and corporate tax avoidance: international evidence[J].The Accounting Review, 2012, 87 (6): 1831−1860.

[8]BADERTSCHER B A, S P KATZ, S O REGO.The separation of ownership and control and its impact on corporate tax avoidance[J].Journal of Accounting and Economics, 2013, 56 (2−3): 228−250.

[9]BAE K H, J K KANG, J M KIM.Tunneling or value added? Evidence from mergers by Korean business groups[J].Journal of Finance, 2002, 57 (6): 2695−2740.

[10]BAEKaek J S, J K KANG, I LEE.Business groups and tunneling: evidence from private securities offerings by Korean chaebols[J].Journal of Finance, 2006, 61 (5): 2415−2449.

[11]BALAKRISHNAN K, J BLOUIN, W GUAY.Does tax aggressiveness reduce corporate transparency[C].SSRN, 2012.

[12]BARILE L.Does tax evasion affect firms' control? Some evidence from an experimental approach[C].SSRN, 2012.

[13]BECK T, C LIN, Y MA.Why do firms evade taxes? The role of information sharing and financial sector outreach[J].Journal of Finance, 2014, 69 (2): 763−817.

[14]BERTRAND M, S MULLAINATHAN.Enjoying the quiet life? Corporate governance and managerial preferences[J].Journal of Political Economy, 2003, 111 (5): 1043−1075.

[15]BERTRAND M, P MEJTA, S MULLAINATHAN.Ferreting out tunneling: an application to Indian business groups[J].Quarterly Journal of Economics, 2002, 117 (1): 121−148.

[16]BIDDLE G, G HILARY.Accounting quality and firm‐level capital investment[J].The Accounting Review, 2006, 81 (5): 963−982.

[17]BIDDLE G, G HILARY, R S VERDI.How does financial reporting quality relate to investments efficiency[J].Journal of Accounting and Economics, 2009, 48 (2−3): 112−131.

[18]BLANCHARD O J, F LOPEZ−DE−SILANES, A SHLEIFER.

What do firms do with cash windfalls[J].Journal of Financial Economics, 1994, 36 (3): 337-360.

[19]BOONE J P, I K KHURANA, K K RAMAN.Religiosity and tax avoidance[J].Journal of the American Taxation Association, 2012, 35 (1): 53-84.

[20]BRADSHAW M, G LIAO, M S MA.State ownership, tax and political promotion: evidence from China[C].SSRN, 2012.

[21]CAI H, Q LIU.Competition and corporate tax avoidance: evidence from Chinese industrial firms[J].Economic Journal, 2009, 119 (537): 764-795.

[22]CHAN K H, K Z LIN, P L L MO.Will a departure from tax-based accounting encourage tax noncompliance?Archival evidence from a transition economy[J].Journal of Accounting and Economics, 2010, 50 (1): 58-73.

[23]CHEN F, O K HOPE, Q Y LI, et al.Financial reporting quality and investment efficiency of private firms in emerging markets[J].The Accounting Review, 2011b, 86 (4): 1255-1288.

[24]CHEN K P, C Y C CHU.Internal control versus external manipulation: a model of corporate income tax evasion[J].RAND Journal of Economics, 2005, 36 (1): 151-164.

[25]CHEN S, X CHEN, Q CHENG, et al.Are family firms more tax aggressive than non-family firms[J].Journal of Financial Economics, 2010, 95 (1): 41-61.

[26]CHEN Y, S HUANG, R PEREIRA.Corporate tax avoidance and firm opacity[C].SSRN, 2011a.

[27]CHENG C S A, H H HUANG, Y LI, et al.The effect of hedge fund activism on corporate tax avoidance[J].The Accounting Review, 2012, 87 (5): 1493-1526.

[28]CHEUNG Y, P RAU, A STOURAITIS.Tunneling, propping, and expropriation: evidence from connected party transactions in Hong Kong [J].Journal of Financial Economics, 2006, 82 (2): 343-386.

[29]CHRISTENSEN D， D S DHALIWAL， S BOIVIE， et al. 2012. Managers' personal political orientation and corporate tax avoidance[C]. SSRN，2012.

[30]CHU C Y C.Plea bargaining with the IRS[J].Journal of Public Economics，1990，41（3）：319-333.

[31]CHYZ J， W S C LEUNG， O Z LI， et al.Labor unions and tax aggressiveness[J].Journal of Financial Economics，2013，108（3）：675-698.

[32]CLAESSENS S， S DJANKOB， L H P LANG.The separation of ownership and control in East Asian Corporations[J].Journal of Financial Economics，2000，58（1-2）：81-112.

[33]CLAESSENS S， S DJANKOV， J P H FAN， et al.Disentangling the incentive and entrenchment effects of large shareholdings[J].Journal of Finance，2002，57（6）：741-2771.

[34]CROCKER K J， J SLEMROD.Corporate tax evasion with agency costs[J].Journal of Public Economics，2005，89（9-10）：1593-1610.

[35]DEBACLER J， B T HEIM， A TRAN.Importing corruption culture from overseas： evidence from corporate tax evasion in the United States[J].Journal of Financial Economics，2015，117（1）：122-138.

[36]DENIS D K， J J MCCONNEL.International corporate governance [J].Journal of Financial and Quantitative Analysis，2003，38（1）：1-36.

[37]DESAI M A.The divergence between book and tax income[J].Tax Policy & The Economy，2003，17：169-206.

[38]DESAI M A.The degradation of reported corporate profits[J].Journal of Economic Perspectives，2005，19（4）：171-192.

[39]DESAI M A， D DHARMAPALA.Corporate tax avoidance and firm value[J].Review of Economics and Statistics，2009，91（3）：537-546.

[40]DESAI M A， D DHARMAPALA.Corporate tax avoidance and high-powered incentives[J].Journal of Financial Economics，2006，79（1）：145-179.

[41]DESAI M A， DYCK A， L ZINGALES.Theft and taxes[J].Journal of

Financial Economics, 2007, 84 (3): 591-623.

[42]DYCK A, L ZINGALES.Private benefits of control: an international comparison[J].Journal of Finance, 2004, 59 (2): 537-600.

[43]DYRENG S D, M HANLON, E MAYDEW.Long-run corporate tax avoidance[J].The Accounting Review, 2008, 83 (1): 61-82.

[44]DYRENG S D, M HANLON, E MAYDEW.The effects of executives on corporate tax avoidance[J].The Accounting Review, 2010, 85 (4): 1163-1189.

[45]S E GHOUL, O GUEDHAMI, J PITTMAN.The role of IRS monitoring in equity pricing in public firms[J].Contemporary Accounting Research, 2011, 28 (2): 643-674.

[46]EVANS J H.Annual report and editorial commentary for the accounting review[J].The Accounting Review, 2012, 87 (6): 2187-2221.

[47]FACCIO M, L H P LANG.The ultimate ownership of Western European corporations[J].Journal of Financial Economics, 2002, 65 (3): 365-395.

[48]FACCIO M, L H P LANG, L YOUNG.Dividends and expropriation[J].American Economic Review, 2001, 91 (1): 54-78.

[49]FAMA E F, M C JENSEN.Separation of ownership and control[J].Journal of Law and Economics, 1983, 26 (2): 301-325.

[50]FIRTH M, P FUNG, O RUI.Corporate performance and CEO compensation in China[J].Journal of Corporate Finance, 2006, 12 (4): 693-714.

[51]FRANCIS B, I HASAN, Q WU, et al.Are female CFOs less tax aggressive[J].Journal of American Taxation Association, 2014, 36 (2): 171-202.

[52]FRANK M M, L J LYNCH, S O REGO.Tax reporting aggressiveness and its relation to aggressive financial reporting[J].The Accounting Review, 2009, 84 (2): 467-496.

[53]FREY B S.A constitution for knaves crowds out civic virtues[J].

Economic Journal, 1997, 107（443）: 1043-1053.

[54]GALLEMORE J, E L MAYDEW, J R THORNOCK.The reputational costs of tax avoidance and the under-sheltering puzzle[J].Contemporary Accounting Research, 2014, 31（4）: 1103-1133.

[55]GOPALAN R, S JAYARAMAN.Private control benefits and earnings management: evidence from insider controlled firms[J].Journal of Accounting Research, 2012, 50（1）: 117-157.

[56]GRAHAM J R, A L TUCKER.Tax shelters and corporate debt policy[J].Journal of Financial Economics, 2006, 81（3）: 563-594.

[57]GRAJAM J R, M HANLON, T SHEVLIN, et al.Incentives for tax planning and avoidance: evidence from the field[J].The Accounting Review, 2013, 89（3）: 991-1023.

[58]GUEDHAMI O, J PITTMAN.The importance of IRS monitoring to debt pricing in private firms[J].Journal of Financial Economics, 2008, 90（1）: 38-58.

[59]GUPTA S, K NEWBERRY.Determinants of the variability in corporate effective tax rates: evidence from longitudinal data[J].Journal of Accounting and Public Policy, 1997, 16（1）: 1-34.

[60]HANLON M.What can we infer about a firm's taxable income from its financial statement[J].National Tax Journal, 2003, 56（4）: 831-863.

[61]HANLON M.The persistence and pricing of earnings, accruals, and cash flows when firms have large book-tax differences[J].The Accounting Review, 2005, 80（1）: 137-166.

[62]HANLON M, J SLEMROD.What does tax aggressiveness signal? Evidence from stock price reactions to news about tax shelter involvement[J]. Journal of Public Economics, 2009, 93（1-2）: 126-141.

[63]HANLON M, S HEITZMAN.A review of tax research[J].Journal of Accounting and Economics, 2010, 50（2-3）: 127-178.

[64]HANLON M, J L HOOPES, N O SHROFF.The effect of tax authority monitoring and enforcement on financial reporting quality[J].Journal

of the American Taxation Association, 2014, 36 (2): 137-170.

[65]HASAN I, C K HOI, Q WU, et al.Beauty is in the eye of the beholder: the effect of corporate tax avoidance on the cost of bank loans[J]. Journal of Financial Economics, 2014, 113 (1): 109-130.

[66]HEALY P M, K G PALEPU.Information asymmetry, corporate disclosure, and the capital markets: a review of the empirical disclosure literature[J].Journal of Accounting and Economics, 2001, 31 (1-3): 405-440.

[67]HERMALIN B E, M S WEIBACH.Endogenously chosen boards of directors and their monitoring of the CEO[J].American Economic Review, 1998, 88 (1): 96-118.

[68]HIGGINS D, T C OMER, J D PHILLIPS.The influence of a firm's business strategy on its tax aggressiveness[J].Contemporary Accounting Research, 2014, 5 (4): 335-396.

[69]HOLMSTROM B, S N KAPLAN.Corporate governance and merger activity in the United States: making sense of the 1980s and 1990s[J]. Journal of Economic Perspectives, 2001, 15 (2): 121-144.

[70]HOLMSTROM B.Moral hazard and observability[J].Bell Journal of Economics, 1979, 10 (1): 74-91.

[71]HOOPES J L, D MESCALL, J A PITTMAN.Do IRS audits deter corporate tax avoidance[J].The Accounting Review, 2012, 87 (5): 1603-1639.

[72]HUNG M, T J WONG, T ZHANG.Political considerations in the decision of Chinese SOEs to list in Hong Kong[J].Journal of Accounting and Economics, 2012, 53 (1-2): 435-449.

[73]HUSEYNOV F, B K KLAMM.Tax avoidance, tax management and corporate social responsibility[J].Journal of Corporate Finance, 2012, 18 (4): 804-827.

[74]JENSEN M C.Agency costs of free cash flow, corporate finance, and takeovers[J].American Economic Review, 1986, 76 (2): 323-329.

参考文献

[75]JENSEN M C, K J MURPHY.CEO incentives—it's not how much you pay, but how[J].Harvard Business Review, 1990a, May - June （3）：138-153.

[76]JENSEN M C, K J MURPHY.Performance pay and top-management incentives[J].Journal of Political Economy, 1990b, 98 （2）：225-264.

[77]J JENSEN M C, W H MECKLING.Theory of the firm：managerial behavior, agency costs and ownership structure[J].Journal of Financial Economics, 1976, 3 （4）：305-360.

[78]JIANG G, C M C LEE, H YUE.Tunneling through intercorporate loans：the China experience[J].Journal of Financial Economics, 2010, 98 （1）：1-20.

[79]JOHNSON S, R L PORTA, F LOPEZ - DE - SILANES, et al. Tunneling[J].American Economic Review, 2000, 90 （2）：22-27.

[80]JONES J.Earnings management during import relief investigations[J]. Journal of Accounting Research, 1991, 29：193-228.

[81]JOULFAIAN D.Corporate income tax evasion and managerial preferences[J].Review of Economics and Statistics, 2000, 82 （4）：698-701.

[82]KACHELMEIER S J.Annual report and editorial commentary for the accounting review[J].The Accounting Review, 2009, 84 （6）：2047-2076.

[83]KACHELMEIER S J.Annual report and editorial commentary for the accounting review[J].The Accounting Review, 2010, 85 （6）：173-2203.

[84]KACHELMEIER S J.Annual report and editorial commentary for the accounting review[J].The Accounting Review, 2011, 86 （6）：2197-2233.

[85]KIM J B, O Z LI, Y LI.Corporate tax avoidance and bank loan contracting[C].SSRN, 2010.

[86]KIM J B, Y LI, L ZHANG.Corporate tax avoidance and stock price crash risk：firm - level analysis[J].Journal of Financial Economics, 2011, 100 （3）：639-662.

[87]KLASSEN K, P LISONWSKY, D MESCALL.Corporate tax compliance：the role of internal and external preparers[C].SSRN, 2012.

[88]KREUTZER D, D R LEE.On taxation and understated monopoly profits[J].National Tax Journal, 1986, 39（2）: 241-243.

[89]KUBICK T R, D P LYNCH, M A MAYBERRY, et al.Product market power and tax avoidance: market leaders, mimicking strategies, and stock returns[J].The Accounting Review, 2015, 90（2）: 675-702.

[90]LA PORTA R, F LOPEZ-DE-SILANES, A Shleifer.Corporate ownership around the world[J].Journal of Finance, 1999, 54（2）: 471-516.

[91]LA PORTA R, F LOPEZ-DE-SILANES, A Shleifer, et al.Law and finance[J].Journal of Political Economy, 1998, 106（6）: 1113-1155.

[92]LA PORTA R, F LOPEZ-DE-SILANES, A Shleifer, et al.Agency problems and dividend around the world[J].Journal of Finance, 2000, 60（1）: 1-33.

[93]LA PORTA R, F LOPEZ-DE-SILANES, A Shleifer, et al. Investor protection and corporate valuation[J].Journal of Finance, 2002, 57（3）: 1147-1170.

[94]LANIS R, G RICHARDSON.The effect of board of director composition on corporate tax aggressiveness[J].Journal of Accounting and Public Policy, 2011, 30（1）: 50-70.

[95]LANIS R, G RICHARDSON.Corporate social responsibility and tax aggressiveness: an empirical analysis[J].Journal of Accounting and Public Policy, 2012, 31（1）: 86-108.

[96]LEMMON M L, K LINS.Ownership structure, corporate governance, and firm value: evidence from the East Asian financial crisis[J]. Journal of Finance, 2003, 58（4）: 1445-1468.

[97]LENNOX C, P LISOWSKY, J PITTMAN.Tax aggressiveness and accounting fraud[J].Journal of Accounting Research, 2012, 51（4）: 739-778.

[98]HARDIN R.A state of trust[M]//BRAITHWAITE V, LEVI M.In trust and governance.New York: Russell Sage Foundation, 1998: 77-101.

[99]LI O Z, N CAI.Capital market research in taxation: do it in China

[J].China Journal of Accounting Research，2011，4（1−2）：1−7.

[100]LIM Y.Tax avoidance， cost of debt and shareholder activism： evidence from Korea[J].Journal of Banking & Finance，2011，35（2）：456−470.

[101]LIM Y.Tax avoidance and underleverage puzzle： Korean evidence [J].Review of Quantitative Finance and Accounting，2012，39（3）：333−360.

[102]LISOWSKY P.Seeking shelter： empirically modeling tax shelters using financial statement information[J].The Accounting Review，2010，85（5）：1693−1720.

[103]LO A W Y， R M K WONG， M FIRTH.Tax， financial reporting， and tunneling incentives for income shifting： an empirical analysis of the transfer pricing nehavior of Chinese‐listed companies[J].Journal of the American Taxation Association，2010，32（2）：1−26.

[104]MARRELLI M.On indirect tax evasion[J].Journal of Public Economics，1984，25（1−2）：181−196.

[105]MCGUIRE S， T C OMER， D WANG.Tax avoidance： does tax-specific industry expertise make a difference[J].The Accounting Review，2012，87（3）：975−1003.

[106]MCGUIRE S， D WANG， R WILSON.Dual class ownership and tax avoidance[J].The Accounting Review，2014，89（4）：1487−1516.

[107]MCNICHOLS M F， S R STUBBEN.Does earnings management affect firms' investment decisions[J].The Accounting Review，2008，83（6）：1571−1603.

[108]MILLS L F.Book‐tax differences and internal revenue service adjustments[J].Journal of Accounting Research，1998，36（2）：343−356.

[109]MILLS L F， K J NEWBERRY.The influence of tax and nontax costs on book‐tax reporting differences： public and private firms[J].Journal of the American Taxation Association，2008，23（1）：1−19.

[110]MILLS L F， R C SANSING.Strategic tax and financial reporting

decisions: theory and evidence[J].Contemporary Accounting Research, 2000, 17 (1): 85-106.

[111]MILLS L F, S E NUTTER, C M SCHWAB.The effect of political sensitivity and bargaining power on tax avoidance: evidence from federal contractors[J].The Accounting Review, 2013, 88 (3): 977-1005.

[112]MINNICK K, T NOGA.Do corporate governance characteristics influence tax management[J].Journal of Corporate Finance, 2010, 16 (5): 703-718.

[113]MIRONOV M.Taxes, theft, and firm performance[J].Journal of Finance, 2013, 68 (4): 1441-1472.

[114]MITTON T.A cross - firm analysis of the impact of corporate governance on the East Asian financial crisis[J].Journal of Financial Economics, 2002, 64 (2): 215-241.

[115]MODIGLIANI F, MILLER M H.The cost of capital, corporation finance and the theory of investment[J].The American Economic Review, 1958, 48 (3): 261-297.

[116]MURPHY K J.Incentives, learning, and compensation: a theoretical and empirical investigation of managerial labor contracts[J].RAND Journal of Economics, 1986, 17 (1): 59-76.

[117]MYERS S, N MAJLUF.Corporate financing and investment decisions when firms have information that investors do not have[J].Journal of Financial Economics, 1984, 13 (2): 187-221.

[118]PETERSEN M A.Estimating standard errors in finance panel data sets: comparing approaches[J].Review of Financial Studies, 2009, 22 (1): 435-480.

[119]PHILLIPS J D.Corporate tax - planning effectiveness: the role of compensation-based incentives[J].The Accounting Review, 2003, 78 (3): 847-874.

[120]PORCANO T M.Corporate tax rates: progressive, proportional, or regressive[J].Journal of the American Taxation Association, 1986, 7 (2):

17-31.

[121]REGO S O.Tax-avoidance activities of U.S.multinational corporations [J].Contemporary Accounting Research，2003，20（4）：805-833.

[122]REGO S O，R WILSON.Equity risk incentives and corporate tax aggressiveness[J].Journal of Accounting Research，2012，50（3）：775-810.

[123]RICHARDSON S.Over-investment of free cash flow[J].Review of Accounting Studies，2006，11（2-3）：159-189.

[124]ROBINSON J R，S A SIKES，C D WEAVER.Performance measurement of corporate tax departments[J].The Accounting Review，2010，85（3）：1035-1064.

[125]SHACKELFORD D A，T SHEVLIN.Empirical tax research in accounting[J].Journal of Accounting and Economics，2001，31（1-3）：321-387.

[126]SHLEIFER A，R W VISHNY.Large shareholders and corporate control[J].Journal of Political Economy，1986，3（1）：461-488.

[127]SHLEIFER A，R W VISHNY.A survey of corporate governance[J].Journal of Finance，1997，52（2）：737-783.

[128]TANG T，M FIRTH.Can book‐tax differences capture earnings management and tax Management? Empirical evidence from China[J].The International Journal of Accounting，2011，46（2）：175-204.

[129]WANG K，X XIAO.Controlling shareholders' tunneling and executive compensation： evidence from China[J].Journal of Accounting and Public Policy，2011，30（1）：89-100.

[130]WANG L F S，J CONANT.Corporate tax evasion and output decisions of the uncertain monopolist[J].National Tax Journal，1988，41（4）：579-581.

[131]WEISBACH M S.Outside directors and CEO turnover[J].Journal of Financial Economics，1988，20（January-March）：431-460.

[132]WILSON R J.An examination of corporate tax shelter participants[J].The Accounting Review，2009，84（3）：969-999.

[133]WU L, Y WANG, W LUO, et al.State ownership, tax status and size effect of effective tax rate in China[J].Accounting and Business Research, 2012a, 42（2）：97-114.

[134]WU W, C WU, C ZHOU, et al.Political connections, tax benefits and firm performance： evidence from China[J].Journal of Accounting and Public Policy, 2012b, 31（3）：277-300.

[135]WU W, O M RUI, C WU.Institutional environment, ownership and firm taxation[J].Economics of Transition, 2013, 21（1）：17-51.

[136]XU W, Y ZENG, J ZHANG.Tax enforcement as a corporate governance mechanism： empirical evidence from China[J].Corporate Governance： An International Review, 2011, 19（1）：25-40.

[137]YERMACK D.Flights of fancy： corporate jets, CEO perquisites, and inferior shareholder returns[J].Journal of Financial Economics, 2006, 80（1）：211-242.

[138]ZIMMERMAN J L.Taxes and firm size[J].Journal of Accounting and Economics, 1983, 5：119-149.

[139]白重恩, 刘俏, 陆洲, 等.中国上市公司治理结构的实证研究[J].经济研究, 2005（2）：81-91.

[140]曹书军, 刘星, 张婉君.财政分权、地方政府竞争与上市公司实际税负[J].世界经济, 2009（4）：69-83.

[141]陈冬华, 陈信元, 万华林.国有企业中的薪酬管制与在职消费[J].经济研究, 2005（2）：92-101.

[142]陈建林.家族企业高管薪酬机制对代理成本影响的实证分析[J].经济管理, 2010, 32（4）：72-77.

[143]陈仕华, 郑文全.公司治理理论的最新进展：一个新的分析框架[J].管理世界, 2010（2）：156-166.

[144]陈旭东, 王雪, 杨丹, 等.税收规避提高了公司价值吗？——基于中国上市公司的实证研究[C/OL].[2012-05-31].http：//d.wanfangdata.com.cn/Conference_7573243.aspx.

[145]戴德明, 姚淑瑜.会计-税收差异及其制度因素分析——来自中

国上市公司的经验证据[J].财经研究，2006，32（5）：48-59.

[146]戴德明，周华.会计制度与税收法规的协作[J].经济研究，2002（3）：44-52.

[147]邓建平，曾勇，何佳.改制模式、资金占用与公司绩效[J].中国工业经济，2007a（1）：104-112.

[148]邓建平，曾勇，何佳.利益获取：股利共享还是资金独占[J].经济研究，2007b（4）：112-123.

[149]董艳，李凤.管理层持股、股利政策与代理问题[J].经济学（季刊），2011，10（3）：1015-1038.

[150]杜兴强，王丽华.高层管理当局薪酬与上市公司业绩的相关性实证研究[J].会计研究，2007（1）：58-65.

[151]杜兴强，周泽将.信息披露质量与代理成本的实证研究——基于深圳证券交易所信息披露考评的经验证据[J].商业经济与管理，2009（12）：76-82.

[152]樊纲，王小鲁.中国市场化指数——各地区市场化相对进程2009年度报告[M].北京：经济科学出版社，2010.

[153]樊纲，王小鲁.中国市场化指数——各地区市场化相对进程2011年度报告[M].北京：经济科学出版社，2011.

[154]冯旭南，李心愉，陈工孟.家族控制、治理环境和公司价值[J].金融研究，2011（3）：149-164.

[155]盖地.税务筹划：法律与道德的碰撞[J].会计之友，2006（2）：94-95.

[156]高雷，何少华，黄志忠.公司治理与掏空[J].经济学（季刊），2006，5（4）：1157-1178.

[157]高强，伍利娜.大股东资金占用与审计师选择的再检验[J].审计研究，2007（5）：84-90.

[158]黄志忠，白云霞.股权激励与代理成本[J].中大管理研究，2008，3（4）：38-52.

[159]姜付秀，黄继承.经理激励、负债与企业价值[J].经济研究，2011（5）：46-60.

[160]姜付秀，黄磊，张敏.产品市场竞争、公司治理与代理成本[J].世界经济，2009（10）：46-59.

[161]姜国华，岳衡.大股东占用上市公司资金与上市公司股票回报率关系的研究[J].管理世界，2005（9）：119-126.

[162]姜国华，徐信忠，赵龙凯.公司治理和投资者保护研究综述[J].管理世界，2006（6）：161-170.

[163]金鑫，雷光勇.审计监督、最终控制人性质与税收激进度[J].审计研究，2011（5）：98-106.

[164]金雪军，张学勇.银行监管与中国上市公司代理成本研究[J].金融研究，2005（10）：110-119.

[165]李明辉.股权结构、公司治理对股权代理成本的影响——基于中国上市公司2001—2006年数据的研究[J].金融研究，2009（2）：149-168.

[166]李寿喜.产权、代理成本和代理效率[J].经济研究，2007（1）：102-113.

[167]李万福，陈晖丽.内部控制与公司实际税负[J].金融研究，2012（9）：195-206.

[168]李万福，林斌，宋璐.内部控制在公司投资中的角色：效率促进还是抑制[J].管理世界，2011（2）：81-99.

[169]李万福，林斌，杨德明，等.内控信息披露、企业过度投资与财务危机——来自中国上市公司的经验证据[J].中国会计与财务研究，2010，12（4）：76-106.

[170]李增泉.激励机制与企业绩效——一项基于上市公司的实证研究[J].会计研究，2000（1）：24-30.

[171]李增泉，孙铮，王志伟."掏空"与所有权安排——来自我国上市公司大股东资金占用的经验证据[J].会计研究，2004（12）：3-13.

[172]刘行，李小荣.金字塔结构、税收负担与企业价值：基于地方国有企业的证据[J].管理世界，2012（8）：91-105.

[173]刘行，叶康涛.金融发展，产权与企业税负[J].管理世界，2014（3）：41-52.

[174]刘芍佳，孙霈，刘乃全.终极产权论、股权结构及公司绩效[J].经

济研究，2003（4）：51-62.

[175]罗党论，唐清泉.市场环境与控股股东"掏空"行为研究——来自中国上市公司的经验证据[J].会计研究，2007（4）：69-74.

[176]罗宏，黄文华.国企分红、在职消费与公司业绩[J].管理世界，2008（9）：139-148.

[177]罗炜，朱春艳.代理成本与公司自愿性披露[J].经济研究，2010（10）：143-155.

[178]吕冰洋，郭庆旺.中国税收高速增长的源泉：税收能力和税收努力框架下的解释[J].中国社会科学，2011（2）：76-90.

[179]吕伟.控股股东代理成本、纳税筹划方案抉择及其市场价值：基于J有限公司的案例研究[J].南开管理评论，2011，14（4）：138-148.

[180]吕伟，陈丽花，隋鑫.避税行为干扰了市场对信息的理解吗[J].山西财经大学学报，2011，33（10）：13-20.

[181]马光荣，李力行.政府规模、地方治理与企业逃税[J].世界经济，2012（6）：93-114.

[182]欧阳凌，欧阳令南，周红霞.股权制度安排、信息不对称与企业非效率投资行为[J].当代经济科学，2005，27（4）：72-78.

[183]彭韶兵，王伟.上市公司"出身"与税收规避[J].宏观经济研究，2011（1）：41-49.

[184]任春艳.从企业投资效率看盈余管理的经济后果——来自中国上市公司的经验证据[J].财经研究，2012，38（2）：61-70.

[185]谭燕，陈艳艳，谭劲松，等.地方上市公司数量经济影响力与过度投资[J].会计研究，2011（4）：43-51.

[186]佟岩，王化成.关联交易、控制权收益与盈余质量[J].会计研究，2007（4）：75-82.

[187]王克敏，姬美光，李薇.公司信息透明度与大股东资金占用研究[J].南开管理评论，2009，12（4）：83-91.

[188]王琨，肖星.机构投资者持股与关联方占用的实证研究[J].南开管理评论，2005，8（2）：27-33.

[189]王良成，陈汉文，向锐.我国上市公司配股业绩下滑之谜：盈余

169

管理还是掏空[J].金融研究，2010（101）：172-186.

[190]王鹏，周黎安.控股股东的控制权、所有权与公司绩效：基于中国上市公司的证据[J].金融研究，2006（2）：88-98.

[191]王跃堂，赵子夜，魏晓雁.董事会的独立性是否影响公司绩效[J].经济研究，2006（5）：62-73.

[192]魏刚.高级管理层激励与上市公司经营绩效[J].经济研究，2000（3）：32-39.

[193]魏明海，程敏英，郑国坚.从股权结构到股东关系[J].会计研究，2011（1）：60-67.

[194]吴联生.国有股权、税收优惠与公司税负[J].经济研究，2009（10）：109-120.

[195]吴联生，李辰."先征后返"、公司税负与税收政策的有效性[J].中国社会科学，2007（4）：61-73.

[196]吴文锋，吴冲锋，芮萌.中国上市公司高管的政府背景与税收优惠[J].管理世界，2009（3）：134-142.

[197]吴祖光，万迪昉，罗进辉.市场化程度、代理成本与企业税收负担——基于不同产权主体的研究[J].经济管理，2011，33（11）：1-8.

[198]薛爽，都卫锋，洪昀.CFO影响力与企业税负水平——基于企业所有权视角的分析[J].财经研究，2012，38（10）：57-67.

[199]杨德明，林斌，王彦超.内部控制、审计质量与代理成本[J].财经研究，2009，35（12）：40-49.

[200]杨华军，胡奕明.制度环境与自由现金流的过度投资[J].管理世界，2007（9）：99-106.

[201]杨继伟.股价信息含量与资本投资效率——基于投资现金流敏感度的视角[J].南开管理评论，2011，14（5）：99-108.

[202]杨棉之.卢闯.公司治理、盈余质量与经理人代理成本[J].财经问题研究，2011（5）：93-97.

[203]杨玉凤，王火欣，曹琼.内部控制信息披露质量与代理成本相关性研究——基于沪市 2007 年上市公司的经验数据[J].审计研究，2010（1）：82-88.

[204]叶康涛，刘行.税收征管、所得税成本与盈余管理[J].管理世界，2011（5）：140-148.

[205]叶康涛，陆正飞，张志华.独立董事能否抑制大股东的"掏空"[J].经济研究，2007（4）：101-111.

[206]叶康涛，祝继高，陆正飞，等.独立董事的独立性：基于董事会投票的证据[J].经济研究，2011（1）：126-139.

[207]岳衡.大股东资金占用与审计师的监督[J].中国会计评论，2006，4（1）：59-68.

[208]曾庆生，陈信元.何种内部治理机制影响了公司权益代理成本——大股东与董事会治理效率的比较[J].财经研究，2006，32（2）：106-117.

[209]张纯，吕伟.信息披露、信息中介与企业过度投资[J].会计研究，2009（1）：60-65.

[210]张华，张俊喜，宋敏.所有权和控制权分离对企业价值的影响——我国民营上市企业的实证研究[J].经济学（季刊），2004（3）（增刊）：1-14.

[211]张俊瑞，赵进文，张建.高级管理层激励与上市公司经营绩效相关性的实证分析[J].会计研究，2003（9）：29-34.

[212]郑红霞，韩梅芳.基于不同股权结构的上市公司税收筹划行为研究——L来自中国国有上市公司和民营上市公司的经验证据[J].中国软科学，2008（9）：122-131.

[213]钟海燕，冉茂盛，文守逊.政府干预、内部人控制与公司投资[J].管理世界，2010（7）：98-109.

[214]周黎安，刘冲，厉行.税收努力、征税机构与税收增长之谜[J].经济学（季刊），2011，11（1）：1-18.

索引

后记

出生于鱼米之乡的我，远赴西北度过了7年本科和硕士的学习生涯。2010年，踌躇满志的我怀揣着满腔激情和热血踏上了北京这座千年古城，开始我的学术生涯。

进入中国人民大学攻读会计学博士之后，因为偶然的机会，我开始接触企业税收这一领域，并随之对其展开了深入研究。经过3年钻研，我将其作为了我博士论文的研究方向。从确定博士论文题目，到论文各章节间逻辑关系的建立，再到论文的具体写作，我对中国上市公司的税收问题有了更加透彻的了解。在这期间，我也感受到了从最初对一个问题混沌不清，到对其一知半解，再到最后拨开云雾见天日的学术研究的过程之美。我还体会到了学术成果被完整呈现在自己眼前那一刻的豪情万丈。当然，最难忘的还是学术成果被接受发表时那瞬间的兴奋之情。相信，这也是很多学者对学术研究执着追求的快乐源泉所在。

在博士论文写作的过程中，我得到了很多师长的帮助，特别是我的导师徐泓教授和会计主文献课的老师叶康涛副教授。他们从论文的选题，到论文的写作，再到论文的修改都给予了我非常多的建设性意见，我在此由衷地感谢他们。我还要感谢中国人民大学商学院会计系的各位老师，我的很多论文思想都来源于他们在课堂和讨论会上传授的知识。

此外，我要感谢东北财经大学会计学

院的各位老师。我博士毕业后来到这里工作，在一个对我来说完全陌生的环境之中，是他们给予了我诸多关心与照顾。另外，东北财经大学出版社的李彬老师等对我博士论文的出版付出了很大的努力，在此一并感谢。最后，感谢我的妻子、儿子和我的家人，你们在背后默默地支持让我可以更加专注地工作。

刘行

2015年9月